モンスーン経済

水と気候からみたインド史

Monsoon Economies

India's History in a Changing Climate

ティルタンカル・ロイ 著　小林和夫 訳

名古屋大学出版会

モンスーン経済　目次

謝　辞

本書は、二〇一九年九月にオックスフォード大学で開かれた「資本主義のグローバル・ヒストリーへの新たなアプローチ」という会議にて報告した論文から生まれた。このテーマについて短く述べたものは、二〇二一年の *Journal of Interdisciplinary History* に掲載された。* 本書の完成までには、パワーポイントのスライド、ワーキングペーパー、ジャーナル掲載論文、そして本書の草稿、という四つの段階を踏んだが、その各々でコメントしてくれた方々全員に感謝している。とくに、初稿の大きな改善につながる多くの貴重な提案をしてくれたジャーナルのエディターと査読者、それからマサチューセッツ工科大学出版局の三人の査読者に礼を述べたい。流域管理についてはP・S・ヴィジャイシャンカル、点滴灌漑についてはA・ナラヤナムールティ、そして都市についてはバーラト・パンジャービーとの会話を通じて、より自信を持ってこれらの話題を取り扱えるようになった。アーナンド・スワーミーは私の議論の限界に気づかせてくれた。ヤン・ルカッセンは有益な文献を勧めてくれた。ティム・グッドフェローは地図を作成してくれた。すべての人たちに心から感謝している。

* Tirthankar Roy, "Water, Climate, and Economy in India from 1880 to the Present," *Journal of Interdisciplinary History* 51, issue 4 (Spring 2021): 565–594.

第1章　なぜ気候が重要なのか

洪水と飢饉は、国家による水資源の開発という一つの問題における、二つの側面である。

——国家計画委員会（インド）、一九四七年

インドが自らをとりまく環境との間で結ぶ関係の変化について、昨今のメディアが映し出す二つのイメージは、本書にとって格好の出発点である。過去に干ばつや飢饉の影響を受けやすいことで知られた地域は、「干ばつ防止」に成功した。[1] 右に引用した一九四七年の報告が示している飢饉への懸念は、二〇世紀の第三四半期まで大きな影響力をもっていた。その後、その懸念は薄らいでいった。だが、干ばつ、熱波、そして弱いモンスーンを生み出す条件が消えたわけではなかった。それどころか、地球温暖化は、「致命的な熱波をインドでは普通のこと」にしてしまった。[2] にもかかわらず、乾燥に悩まされる度合いは、百年以上にわたって低下した。水の供給と分配におけるたぐいまれな達成は、奇跡を起こしたのである。その一方で、二〇一七年にはひそかに、そして二〇二〇年には大々的に、インドと中国の間で衝突が生じ、全面的な国境紛争になりかけた。ブラフマプトラ河（チベット

ではヤルンツァンポ河、バングラデシュではジョムナ河と呼ばれる）における水資源の管理は、南アジアでは絶えることのない不安の元である。河川水への需要は供給量をはるかに超えており、「この有限な資源をめぐって世界の二大人口大国の間で紛争が起きる可能性は、誰もが認めるところである」(3)。

これらの報告は、地理的条件が経済成長、厚生、そして南アジアの政治にいかに深く影響を及ぼしているのかを示している。また、この影響が長期に及び、インドの近代史を形成し、さらに大きな試練を作り出してきたことも指摘している。その記述の一部は楽観的なメッセージを伝えているが、別の部分は憂慮すべきものである。

私は、一八八〇年ごろ以降のインドにおける環境変化と経済変化の相互作用を検討することで、自然にうまく対処するためにかかるコストの要因を解明したい(4)。熱帯モンスーン気候は、貧困や水へのアクセスの不平等、そして極端な雇用の季節変動が遍在する状況を作り出した。一八八〇年ごろから、これらの状況を克服するための措置が先例のない規模で成功を収めるようになった。その措置は、死亡率の低下や人口増加につながり、集約農業や都市部の工業化を促した。化石燃料〔石炭——訳者注、以下同〕の採掘が西ヨーロッパの経済的台頭の鍵となったように、取水および水へのより広範なアクセスは、インド経済史において重要な役割を果たしたのである。しかしながら、その非凡な達成は、環境負荷《ストレス》および政治的対立といった代償をともなった。

本書は、三つのタイプの読者の興味を引くだろう。一番目のタイプは、経済成長や不平等を説明するという課題に関心のある読者である。経済史家は、国家間の比較によって、近代世界における経済成長の根源を発見しようとしている。彼らが用いる理論のほとんどは、西ヨーロッパの経験にもとづいている。その理論では、一九世紀のヨーロッパにおいて経済上の大転換をもたらした諸要素が、なぜ世界の他地域では見られなかったのかが問われる。しかし、世界各地の地理的条件が不均衡なものであれば、この方法はあてにならない。熱帯モンスーン地域の初期条件はヨーロッパや北米と異なっていたため、ヨーロッパ人やアメリカ人にとって解決の必要があった問題とは異なる問題を解決することで、経済成長に到達できたのである。その問題とは、清潔な水への安定したアクセスの確保、そしてモンスーンの季節性への対処である。

本書がアピールしたい二番目のグループは、経済発展の持続可能性を議論することに関心のある読者である。経済発展の径路はストレスを生み出す。そのストレスを抱えたままでも、経済発展の径路は持続可能なのだろうか。どのように介入すれば、持続可能になるのだろうか。これらの問いに対する答えは、気候変動や地下水のストックなど、どの種類のストレスに悩まされているかによって変化する。

三番目のターゲットは、近代インドの興隆に関心のある読者である。イギリスの植民地帝国は、およそ一七六五年から一九四七年までインドの広範囲を支配した。帝国主義者は、一九四七年以後に出現した国家〔インドおよびパキスタン〕にさまざまな遺産を残していった。現在の南アジアの政治地図は、その遺産の一つである。この地域を扱う近代史研究の多くは、これらの遺産を研究対象として、ナショナリズムにもとづく開発政策による遺産の再変容のありようを説明している。その過程で歴史家は、英領インド時代の植民地国家であれ、独立後の国民国家であれ、国家権力に目を奪われ、その役割を過大視している。本書では、非ヨーロッパ世界の近代史を説明する際にみられる、こうした植民地主義とナショナリズムに対する執着を修正したい。私の論述では、地理的条件がどのように物質生活に影響を及ぼしていたのかを示していく。権力は重要な問題であるが、それはひとえに、基本的なプロセスにおいて間接的な役割を演じたからである。その基本的なプロセスは、環境と経済の相互作用から構成されているのだ。

*

気候は、インドの貧困と不平等に深く関係していた――どのような関係だったのだろうか。熱帯では、熾烈な暑さゆえに表流水〔地表水〕はすぐに干上がり、耕作、産業利用や消費のために水を動員するコストは高くなる。また、熱帯モンスーン地域では、高温と大洋は強力な水循環を作り出し、農業を可能にする一方で、飢饉や洪水のリスクを高めている。南アジアが被る経済的な打撃は、元をたどれば環境に起因するものであり、現在でも少なからず同様である。モンスーンの雨が極端に少なくなると干ばつが発生し、逆に極端に多くなると高潮や洪水が発生した。一九世紀後半には、厳しいモンスーンが続いたために、物価は上昇し、消費は減少し、債務は膨らみ、銀行の活動は停滞した。最悪のケースでは、栄養失調で弱った人びとの間で飢饉や疫病が流行した。一八七六年、一八九六年、そして一八九八年には、飢饉がインド半島〔インド亜大陸〕を襲い、何百万もの命を奪った。干ばつはおよそ七年に一度の頻度で再発し、そのつど消費を減少させ、時によっては、公共財政、経常収支、そして脆弱なコミュニティにかなりのストレスを与えた。

洪水や飢饉が起こらない「普通」の年には、農民、労働者、そして土地を基盤としつつも実質的には他の職業に就いているすべての人びとは、自分たちが遊休状態になる月に対処しなければならなかった。というのも、モンスーンへの依存とは、短い労働シーズンと、多くの仕事をこなすにはあまりにも乾燥している、あるいは暑すぎる長い期間に対処することを意味したためである。閑散期に資産や仕事のない人びとは、消費を減らし、貧しい生活を送った。銀行家や金貸しなどの資本家は、投資から手を引き、次の繁忙期に備えた。したがって、熱帯モンスーンの極端な季節性は、失業、貧困や投資不足をもたらしたのである。

一九世紀の大飢饉の時代から、深層にわたる変化のプロセスが始まった。厳しい気候の影響が続いたとはいえ、一九〇〇年以後（一九四三年の戦時飢饉を除いて）、この地域では飢饉がみられなくなった。干ばつは、以前よりも悪影響を及ぼさなくなり、食料生産は何倍も増加した。一九一八年のインフルエンザの大流行が終わった後、四〇年にわたり平均でほぼゼロであった人口成長率は着実に上昇しはじめた。ある種の介入が経済の変化に対する環境的制約を軽減したのだ。その介入とは何だったのか。

本書は、一人あたりの水へのアクセス規模が増加し、以前は水にアクセスできなかったコミュニティにおいてより多くの水が利用可能になったことこそ、こうした経済変化にとって特徴的な要素であったことを示す。公共事業は、その変化の背景にある必要不可欠なファクターであったが、政府は限定的な行為主体《エージェント》であった。大衆政治、市場原理、法、技術、そして飢饉対策で獲得した知識が重要な役割を果たした。水の安定的供給の拡大は、耕作限界地の再利用、集約農業、都市化や疫病の抑制を可能にした。

市場原理はまた、一年のうち一時期は失業することが運命づけられていた何百万もの人びとに、時間をより有効活用する機会を与えた。工場やプランテーションなど常設の仕事場が出現したおかげで、移住〔出稼ぎ〕の機会が増加した。新たな農業フロンティアでは、用水路灌漑が多毛作を可能にし、それまで天水栽培のみに依存していた人びとに就労の機会を提供した。流動性と選択肢が増大するにつれて、隷属や農奴に似た農村の労働契約は破綻した。移住者は、一九二〇年代前後で人口の二〜三%にあたり、農業に依存している人びとの八〜一〇%を占めた。流動性の影響はその数が示唆するところよりも大きい。ほとんどの移住者は世帯の男性構成員であった。世帯ごと移動することはなかった。それでも、世帯構成員の一部が出稼ぎに行くことを決めれば、必ずしもよい方向に動くわけではないにせよ、あとに残った人びとの生活が変わったのであった。

再生可能な水資源の絶対的な不足、および私が示すような不安定な河川形態という条件下において、水の安定的供給を確保するのは、ネガティヴな帰結なしには達成できなかった。植民地支配下のインドでは水資源の不安定さに対して、モンスーンが河川にもたらす過剰な量の水をダム、用水路、そして貯水池で溜め込むといった政府主導の技術的解決を多用していた。しかし二〇世紀には、それにより生じる環境的・政治的コストゆえに、このモデルは厳しい批判にさらされ、実質的に放棄されるようになった。このモデルが不人気になるにつれて、利用者は地下水に乗り換えた。この第二の径路は、問題の性質を水資源の不安定さから地下帯水層の枯渇へと変えた。

二〇一九年八月、ＢＢＣニュースは「インドは深刻な水不足に見舞われている」と報じた。[5] それは、季節的な水不足を克服しようと何世代にもわたって奮闘してきたインド人たちにとってはニュースではない。だが、水にかんする学術的著作は、現在に焦点をあてる一方で、歴史を見落とす傾向がある。現在、科学者や経済学者のほとんどは、環境ストレスを、貪欲と無制限のアクセスが共有資源に劣化をもたらすコモンズの悲劇としてみなすことが多い。インドの「危機」は、抑制のない貪欲の産物ではない。むしろ、熱帯モンスーン経済における自然資源の条件に特有のものだ。近代インドの形成とは、多大なコストを費やしながら、地理上の初期条件を克服するために奮闘したストーリーなのである。

＊

熱帯モンスーン気候という概念は、より正確な定義を必要とする。よいスタート地点は、ケッペンとガイガーの気候区分にもとづく世界地図である。そこでは、気温と季節別降水量という二つの特徴を用いて、南アジアの大部分の気候が（西アフリカ沿岸部や東南アジアの一部と同様に）「熱帯モンスーン」と定義づけられている。[6] 熱帯モンスーンは、月ごとの平均気温が世界の平均気温より高いこと、季節的に降水量が集中すること、という二つの条件の組み合わせからなる。南アジアの状況を説明するために、温帯、温帯モンスーン、熱帯モンスーンの三つの気候のプロファイルを比較してみよう。温帯に位置する例としてはロンドンを挙げる。東京は温帯モンスーンの都市だ。デリーは熱帯モンスーンの都市である。平均的な年では、デリーの最高気温は、ロンドンの最高気温の約二倍、東京の最高気温と比べて六〇〜八〇%高い。デリーでは夏のあいだに最高気温が華氏一〇〇度〔摂氏三七・八度〕を超える。要するに、デリーには乾季が訪れるが、ロンドンと東京には訪れない。これら三都市は、年ごとの平均降水量では有意に異なっているわけではないが、一年間のうち月ごとの降水量分布は、デリーでは偏りがみられる一方で、ロンドンや東京では均一か、ほとんど均一になっている。月ごとの平均降水量は、デリーでは一〇〜二五〇ミリの範囲で変動し、降雨の七五%は第三四半期に発生している。ロンドンの月ごとの平均降水量は四〇〜七〇ミリ、東京では五〇〜一五〇ミリである。湿気の季節的な集中はモンスーンの特徴である。だが、すべてのモンスーンが同じというわけではない。デリーと東京でもモンスーンがみられるが、デリーには乾季が訪れる一方、東京には訪れない。[7] 熱帯モンスーンとは、短い快適な季節の後に大規模な乾燥状態が続くことを意味している。

乾燥とは何を意味しているのだろうか。熱帯地域の高温は、表流水を干上がらせる。平均蒸発量は(他にも変数はあるが)、利用可能な表流水と太陽熱の関数である。[8] 蒸発量は高い水準に達する。砂漠では、年間を通じてその水準が低い。ヒマラヤ山脈や北極の夏では、蒸発量は高い水準に達する。ある時期に蒸発量が多く、別の時期には少なくなる地域であれば、ある時期に表流水が豊富にあっても、別の時期には失われる。イ

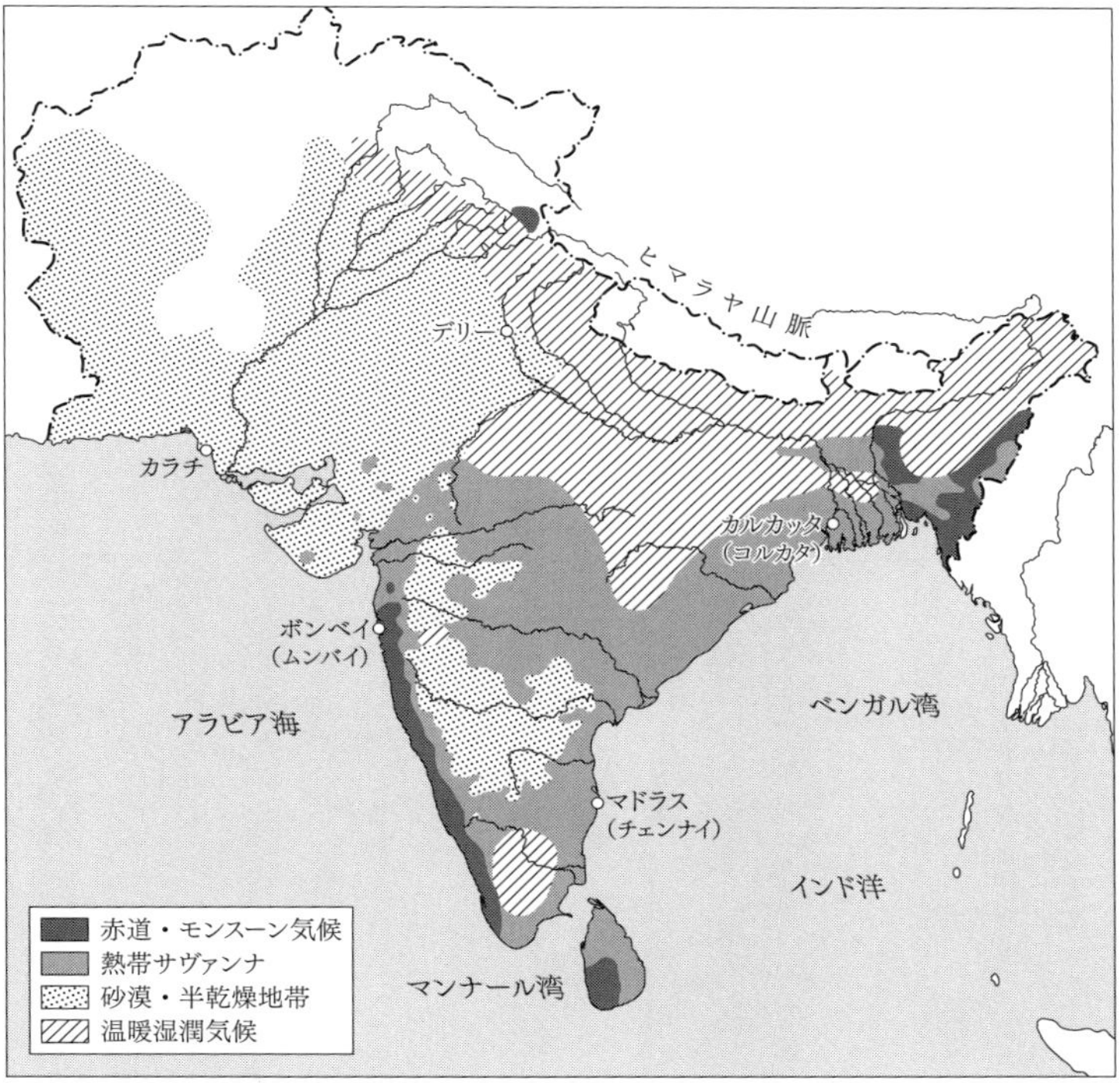

図 1–1　南アジアの気候（2015 年ごろ）

ンドの大部分では、モンスーンの雨が高温と組み合わさって発生する六月から九月にかけて、月あたりの蒸発量は六〇～一〇〇ミリに達する。表流水が干上がるにつれて、蒸発量は急速に低下する。四月から六月までには、ベンガルのデルタ地帯とケーララのような半島最南端の地域を除く、インドのほぼ全土における蒸発量（〇～二〇ミリ）は、北半球の大砂漠を特徴づけるのと同じ幅に向かっていく。気候帯（図1–1の熱帯サヴァンナと砂漠・半乾燥地

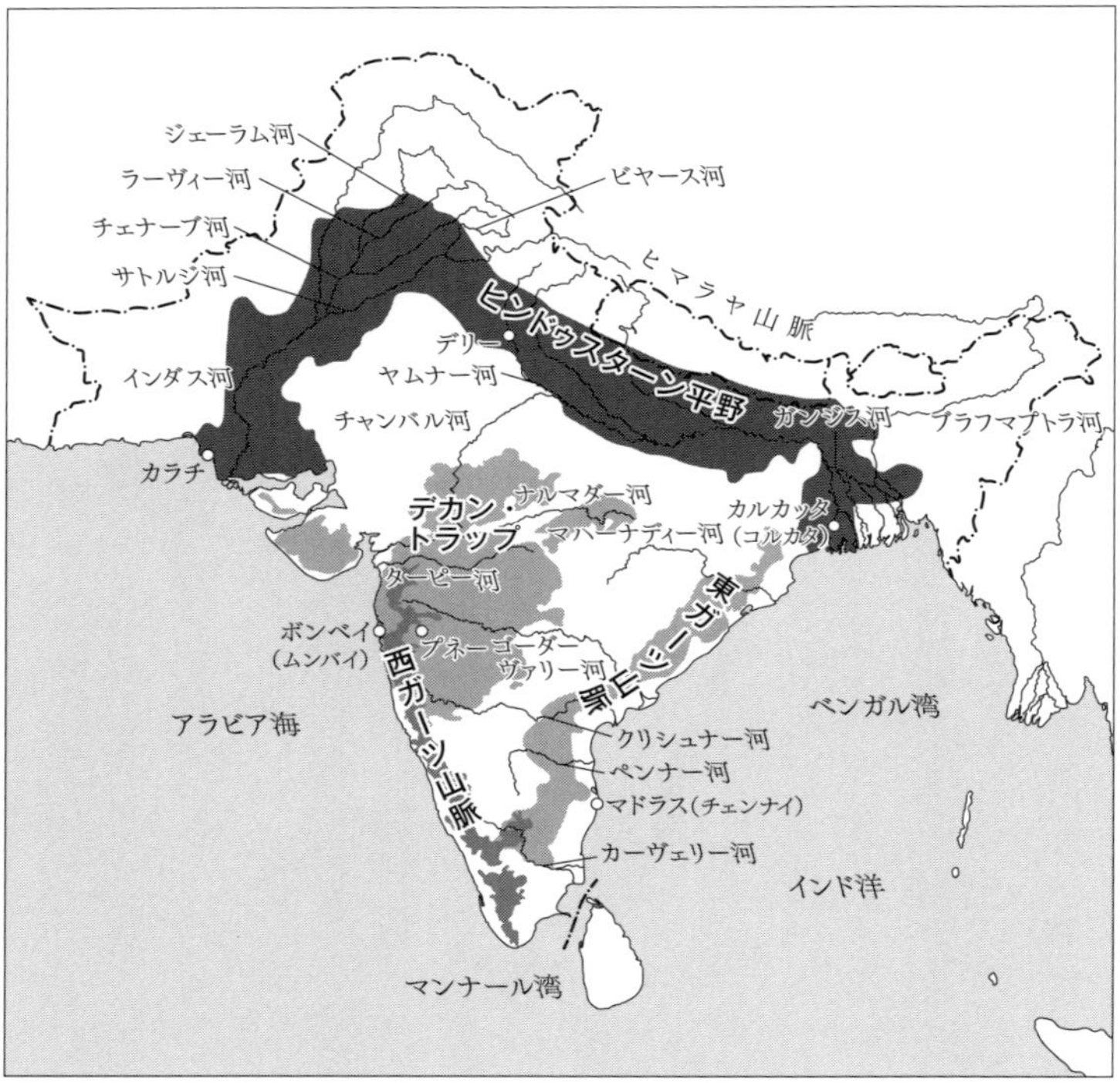

図 1–2　南アジアの地理（2015 年ごろ）

帯）と降水パターン（次章の図2-1）にかんする二つの図は、広域にわたる乾燥地の広がりを示している。

　熱帯モンスーンは、経済成長の可能性を制約していた。表流水はすぐに干上がるため、農業や生存のためには、遠く離れた場所から水を供給したり、地下水を汲み上げたり、時期によって変化する共有資源に頼ったりする必要があった。最初の二つの選択肢は費用がかさみ、また地下資源の維持に必要な水の浸透や浸出を過度な熱が減少させることから、三つとも不確実であった。さらに、熱帯モンスーン地域では、たいてい経済活動の時期が短かった。最も忙しい時期は、雨が最も多く降る月ではなく、天水栽培で育った作物が売りに出される冬の初めにやってきた。この時期には、賃金や利子率は高い水準まで上昇した。農閑期になると、景気が大きく落ち込んだ。労働力が過剰になり遊休資本が生じると、賃金と利子率は低下した。すべての農耕社会は季節性に直面するが、熱帯モンスーン地域では、それが極端な形で経験されるのである。

＊

熱帯地域の乾燥とモンスーンのもとで生きている人びとは、これらの条件に適応しようとしてきた――どのように適応したのだろうか。花粉や年輪データにもとづいて南アジアの気候の歴史を復元すると、完新世の中期から後期にかけて南西モンスーンが強まったことが示唆される。そのプロセスは、およそ三〇〇〇～四〇〇〇年前に、涼しく乾燥したサヴァンナを、温暖な熱帯性の季節変動をともなう気候へと徐々に変えていったのである。(9) それ以来、モンスーンの変動性への適応、すなわち、洪水や干ばつのリスクへの適応は、南アジアに住む人びとにとってきわめて重要であった。

洪水や飢饉を緩和するために、農村に住む人びとはどのような行動をとることができたのだろうか。移住や移牧は飢饉への対応であった。これらの移動には多くの費用がかかり、固定された土地区画を唯一の資産とする大半の農民にとっては、他の緩和戦略が必要だった。最も確実な緩和策は、制御可能で安定した水源へのアクセスを創出することであった。安定した水源とは、年間を通じて利用できる涵養可能な水源である。制御可能な水源とは、取水できる量を制御して、集約栽培の採算がとれるようにできる水源である。大きな帯水層まで達する深井戸は、制御可能で安定した水源の一例で、きわめて急速に蒸発が生じる水路や、池のように季節ごとに変化する水源とは対照的である。

それゆえに、南アジアで水の保全が古くからみられたことは不思議ではない。環境史家は、現在に至るまで何世紀にもわたって――数千年に及ぶこともあった――利用されてきた大小の貯水分配システムを研究し、それらを作り維持してきた政府や制度について貴重な推論を導き出してきた（図1-3）。その研究成果は、頑健な結論を提示している。どの時代や場所に目を向けても、私たちは必ず、政府やコミュニティが、乾季における利用を目的として、モンスーンがもたらす雨水を蓄えようとしてきたことに気づく。彼らはまた、洪水を防ぐためにダムを築いた。こうした手段が生存のために必要なことは、コミュニティにとって常識であった[10]。

環境史は、これらの対応が存在していたことを認めている。遠い過去に経済成長や不平等のルーツを探し求める経済史家は、そこからさらに進んで、それらの対応がどれほどよいものだったのか、何にとってよかったのか、と問う。水の管理は、成長と不平等の双方にとってきわめて重要であった。コミュニティは水の管理を、集約農業の遂行と人口増加の維持にとって十分な力をもつ手段へと変えることに成功したのだろうか。洪水と飢饉はコミュニティを大量死のリスクにさらした。それらが発生したとき、コミュニティは誰の命を救ったのだろうか。誰のために管理は役立ったのだろうか。

図 1–3　西インドの階段井戸

インドの乾燥地域では，古代からこのような階段井戸（step well）が数千基存在していた。水は，標準的な井戸と同じ深度の地下で発生した。精緻な構造は，メッセージ性のある建築であるとともに，落ち着いた休息地にもなった。深い階段井戸は，蒸発量を大きく抑え込んだ。階段井戸は建設と維持に費用がかかり，地下水面の低下に脆弱で，時には健康に悪影響をもたらした。多くの階段井戸は，すでに放棄されている。この写真は，8〜16 世紀の間に建造されたチャーンド・バーオリー（東ラジャスターン州）。出典：Carrol Apiez and Shutterstock.

より現代に近い時期から逆算することで、これらの問いに答えを見つけることができる。諸国の生活水準にかんする統計データは、一九世紀よりはるか以前からインドは貧困地域であったことを示している。[11] こうした比較は、雇用条件の詳細がほとんど明らかになっていない時代に労働者に支払われた賃金など、疑わしい基準《ベンチマーク》をよく用いている。それを斟酌したとしても、平均値からみると、インド人が過去の長い間、世界基準と比べて貧しかったことは明白なのだ。

しかしながら、平均的なイン

ド人なるものは存在しなかった。一五〇〇年代や一六〇〇年代の賃金データのいくつかは、ムガル帝国の都市や沿岸地域から得られたものであった。これらの場所は、水不足に直面することがなく、一年を通じて労働市場が存在し、さまざまな職人スキルへの需要があった。こうした状況における賃金は高く、ロンドンやアムステルダムの賃金に大きく引けをとらなかった〔一六～一九世紀の生活水準を国際比較した研究によると、ロンドンやアムステルダムは世界有数の高賃金都市であった（アレン二〇一七および斎藤二〇〇八）〕。このような賃金を観察して、経済史家はときおり、三百年前のインド人は豪奢で裕福であった、と誤った結論を下してしまう。ムガル帝国インド史の研究者W・H・モアランドは、生活水準にかんするいくつかの史料を見て、インドの「庶民」はその生活が「卑しいミミズ」同然の「貧しくかわいそうな人たち」だ、というオランダ人商人フランシスコ・ペルサートの見解へと傾いた。[12] 私たちはそこまで言う必要はないものの、およそ三百年前のインドの貧民は実際に貧しく、しかもほとんどの人びとがそうであったことは疑いようがない。

この統計的研究は、なぜこの地域に貧困が広まっていたのかを説明していない。最も妥当な答えは、低い農業生産性と遊休状態になっている資源にある。もし水のリサイクルという考えがよく知られていたとしても、その実践は豊かな生活を安定して送るにはとうてい不十分なものだっただろう。それが不十分だった理由は、大きく二つある。

一つ目の理由は、財産権である。一八五〇年ごろのインドでは、図1-3の階段井戸のような固定貯蔵水は、たいていの場合、個人かコミュニティによって所有されていた。石造井戸は最も安定的な供給形態であった。井戸はまた、たいていの場合私有財産であった。一九〇八年刊行の『インド帝国地誌』は、「個々の事業は、主に井戸の建設から始まる」と指摘している。[13] 南インドでは、溜池《タンク》と呼ばれる人造湖は、裕福な人から貧しい人まで同様に一定のセキュリティを提供していた。[14] だが、溜池は建設して維持するのに高額なコストがかかったほか、アクセスする権利が不平等なうえに、乾季が続くと容量が減ってしまうことが多かった。

二つ目の理由として、最も大きな灌漑工事でさえ規模が限られていたことがあげられる。モンスーンの雨は、インドの大部分で作付を比較的やりやすくした。一九世紀の通常の慣行では、モンスーンの周期に合わせて二毛作を行い、そのうちの一つは主要穀物を栽培した。ある地域では、弱い冬のモンスーンに合わせて二毛目に副作物を栽培した。冬に主要穀物のいずれかを栽培する、あるいはサトウキビのように収益性の高い周年栽培の作物を栽培するうえでは灌漑が不可欠で、灌漑には雨水や河川水を溜め込むか、地面を掘ることが必要とされた。一つか二つの大きな人造湖を除けば、集合的な努力は、大規模な水のリサイクル形式のいずれを実現するのにも不十分であった。したがって、モンスーンへの依存とは、数カ月にわたる失業〔遊休状態〕を意味した。

それだけではない。高い気候リスクや洪水・飢饉リスクをともなう環境では、平均寿命は短かった。インドの歴史人口にかんする数値はほとんどすべて推測の域を出ることがなく、かなりの誤差をともなう。多くの推定値は、ある幅を形成する。ある低い推定値が別の時点の高い推定値とペアになると、正反対の結果が出る。それでも、いくつかのパターンは際立っている。一九二〇年以前の人口趨勢にかんする議論は、増加がどれほどあったのかではなく、そもそも何か増加がみられたのかといった論点を中心に展開している。より妥当な当て推量では、一七〇〇〜一八二一年の間で人口は一年あたり〇・一〜〇・二％増え、それに続く百年の間でその増加率は〇・三〜〇・四％に上昇したとされる。[15] 長期の趨勢にかんする数字はほとんど意味がないが、過去に著しく異なる成長率がみられたことを示してはいない。しかし、一九二一年以後、急速で不可逆的な上昇がみられた。増加率は一％を超え、急激に加速した。一〇年おきに実施される人口調査《センサス》は一八七二年に始まった。人口調査開始後の地域差がそれ以前の人口成長パターンを示すのであれば、一七〇〇〜一九二一年の人口成長は、水がよく供給されているインダス河とガンジス河の流域ではより高く安定していたが、降雨に依存している半乾燥の半島部ではほぼゼロで不安定であっただろう（前掲図1-2）。この地域差は、最も乾燥した地域における人口転換が大規模な水の介入を必要としたことを示唆している。実際、二〇世紀前半から、水の供給状況は改善しはじめた。

人口データの質が改善した一九世紀末には、乾燥地の飢饉が多くの死者を生み出すことがよく知られていた。飢饉が発生したのは、モンスーンが二度続けて失敗した〔本書では、弱いモンスーンが少雨を招く現象を、「モンスーンの失敗（monsoon failure）」と呼んでいる〕時、あるいは、同じ年に南西のモンスーンと北東のモンスーンが失敗した時である。しかし、この苦難は、その集団が安定した水資源にどれくらいアクセスしやすいかに応じて段階的に生じた。社会の規範や習慣は、水へのアクセスを方向づけた。後世の飢饉にまつわる報告書は、異常な干ばつによる死者の多くが「低カースト」の人びとであったことを明らかにした。それは一つには、その身分ゆえに、水を確保する慣習的権利があるカーストにおいて弱かったからだ。つまり、社会的不平等の根深いパターンが弱まったおかげで、飢饉による死が継続的に減少するようになったといえるのである。

要するに、二〇世紀に入るころ、経済成長と不平等の軌道が変化した。それは、モンスーンの変動に対する適応の仕方がもつ性質を変えた、一連の介入によるものであった。このストーリーにおいて、水へのアクセスはきわめて重要である。もし水がそれ以前の人口成長にとって制約となっていたのであれば、その制約が和らいだのである。新たな灌漑工事は、水をリサイクルできる規模を拡大した。都市における水の貯蔵と再分配はかつてない規模に達した。一三〇年間にわたって、一人あたりの水利用量は三倍に（表1-1）、人口は六倍に、そして水の総利用量は二〇倍以上に増えた。食料・穀物の生産は、一八八五年の一五〇〇万～二〇〇〇万トンから、一九五〇年の五〇〇〇万トン、二〇一五年には二億五五〇〇万トン以上へと増加した。一九二〇～七〇年を除いて、南アジアの平均所得は、世界の平均所得と同じか、それよりも速いペースで増加した。インドが一九四七年にイギリスの支配から独立した後、採水技術、政府の介入、水のアクセスにかかわる法制度のすべてが変わった。しかし、その変化の起源は、植民地時代に求められる。

水のアクセスは、このストーリーの一部分である。資本や労働力に関しては、一年の一時期に就業機会を得ること〔雇用の季節性〕が、ストーリーのもう一部分をなしている。一九五四年、農村部の労働にかんする政府の調査は、農村の人びとのほとんどが、平均百日間の強いられた失業、およびほ

表 1-1　トータルおよび1人あたりの年間水利用量（1885〜2015年）

年	農業利用（十億 m^3）	消費および産業利用（十億 m^3）	水の総利用量（十億 m^3）	人口（百万）	1人あたり水利用量（m^3）
1885	43	6	50	260	192
1938	125	9	134	380	352
1968	309	15	324	535	606
1988	460	40	500	830	602
2015	876	124	1,000	1,310	763

出所）Tirthankar Roy, "Water, Climate, and Economy in India from 1880 to the Present," *Journal of Interdisciplinary History* 51, no. 4 (Spring 2021): 565–594.
注）人口は，1938年までは分割以前のインドの人口。

ぼ一年を通して部分的な失業に直面していることを発見した。一八八〇年代以降の銀行統計は、収穫期の利子率が農閑期の利子率の三倍であったことを示した。このような極度の季節性に対する唯一の効果的緩和策は、異なる規模の季節性に直面している生活圏の間で、資本と労働力を再配置することであった。一九世紀後半以降、労働者と投資家は、しばしばこの戦略を用いた。交通・通信コストが大きく減少したことで、多くの労働市場は相互に結びつき、季節に縛られた生計を営んでいた人びとは、別の場所で他の仕事に従事できるようになった。季節的な短距離移動は増加し、金融市場は広がりをみせた。

南アジア全域で一様に熱帯モンスーンが経験されたわけではなかった。ベンガルのデルタ地域とケーララはときおり乾燥を経験したが、他地域よりも表流水が多かった。沿岸地域もまた、例外的な環境であった。気候は比較的温暖で、デルタ地帯や河口にアクセスできた。本書が関心を向ける時期には、ボンベイ、カルカッタ、そしてマドラスなど、主な商業中心地であった港市は、季節性にあまり左右されなかった。グローバル化と商品輸出貿易

表 1-2　1人あたりの再生可能な水資源

(m³, %)

年	インド	イギリス	アメリカ	日本	利用可能な水資源
1968	3,600	2,577	14,072	4,257	70
1988	2,280	2,591	11,938	3,495	54
2015	1,480	2,191	9,075	3,385	8

出所）Food and Agriculture Organization of the United Nations, AQUASTAT database（http://www.fao.org/nr/water/aquastat/data/query/results.html）.

注）利用可能な水資源＝再生可能な水資源（表流水＋地下水－重複部分）の総計－利水システムの持続可能性のための環境フローの必要条件。インドの値は，2015 年では 1 兆 890 億 m³ である。私はこの値を常に一定に設定している。利用可能な水資源の割合は，（1－使用量／資源量）と算出する。

の拡大にともない、水ストレス〔後述〕をあまり強く受けない沿岸地域は、内陸の農村から移住者〔出稼ぎ労働者〕を引きつけ、一九世紀半ば以降の経済変化を推進するうえで、それまでよりも重要な役割を果たすことになった。移住者の流入によって、都市の生活環境は悪化し、疫病の流行を招いた。だが、都市では飢饉がみられなかった。納税が可能な大勢の人びとと、ある程度の自治のおかげで、地方自治体は大規模な水道設備を建設することができたのだ。都市以外だと、河川流域、ヒマラヤ山脈から流れる河川の氾濫原、そして東部の湿地帯では、年間を通じてより多くの人びとがより多くの水にアクセスできるようにするのが、より容易であった。これらの地域もまた、水資源の不安定さと季節的失業の緩和を経験した。

緩和の実現には代償がともなった。この代償は、モンスーン経済における成長の持続可能性に明確な意味を与えている。

＊

再生可能な水資源のうち、実際に利用可能な水の割合は低下している（表1–2）。世界銀行は、水ストレスを再生可能な供給量に対する淡水の採取量の比率として測定している。二〇一六年では、南アジアにおけるストレスのレベルは、インドの四二％からパキスタンの一〇五％にまで及んだ。そのレベルは、イギリス（一〇）、アメリカ（二二）、日本（二八）、そして中国（三〇）ではかなり低かった。[16] 平均気温、緯度、ストレスの間には国を横断した密接な相関関係があり、ストレスのパターンは地理的な要因によることが示唆されている。再生可能な水の多くが未使用のままであるため、ストックに対して使用量が高い比率をとることは悲劇のようにみえないかもしれない。しかし、南アジアでは、水資源を使用する限界費用は高く、また上昇しているのだ。

南アジアでは水ストレスが高い——なぜそう言えるのか。第一に、すべての利用可能な水が利用されるはずはないのだが、利用可能な水資源に対する未使用の水の割合は、二〇世紀後半に急激に低下した。第二に、利用可能な水に対する地下水採取量の割合は増加しているようで（データは完全なものではないが）、地下水の採取は表流水の利用よりも費用がかかる。すでに、再生可能な水資源の採取は、以前よりも高いコスト（より深い掘削井戸〈bore wells〉）と劣悪な水質（汽水、汚染された帯水層）の原因となっている。第三に、これらの変化が発生するにつれて、水をめぐる政治学はより論争的になった。

私が提示する物語《ナラティヴ》は、交差〔トレードオフ〕に似ている。水へのアクセスは長期的には増加した一方で、同時に水ストレスが増大し、利用可能な水源が著しく縮小した。地理的条件は、一人あたりの権利を持続的に向上させる「自由度」に制限をかけた。二〇世紀において多くの社会は同様の状況に直面しただろう。そのなかでも他と違い、また悩ましいのは、インドにおけるストレス曲線の急上昇である。

*

本書は、これまでに行われてきたことを繰り返そうとしているのだろうか。インド史研究者は特定の文脈において環境と経済を結びつけてきた。本書でも、関連するところでそのような研究を引用する。しかし、一般論として、以下のように述べることはまだ許されるだろう。すなわち、インドの史料を用いて、私が答えようとしている問い——環境に働きかける人間活動がどのように経済成長や人口転換を可能にしたのか、という問い——を提示した著作はまだ多くない。経済あるいは環境にかんする歴史研究では、私が水の交差（the water cross）〔直前の段落で示されているように、著者は、「交差（cross）」という単語でトレードオフの関係を示そうとしている〕と呼ぶものには、いまだ注目が集まっていない。

カール・マルクス、カール・ヴィットフォーゲル、フェルナン・ブローデルなど、かつてヨーロッパ人がアジア社会について書き著したものでは、世界の乾燥地において水の管理はきわめて重要な問題である、と説かれていた。次に、水道設備の整備は、公的投資とトップダウン式の司令方式を必要とし、したがって、専制的国家が求められる、とされた。これらの著述は、熱帯にかんする本格的な研究でも、信頼に足る環境史でもなく、そもそものように意図されたものではなかった。それらはアジア的国家にかんする理論であり、ヨーロッパでは私有財産の概念が広く受け入れられたが、工業化以前のアジアでは弱かった、という直感を裏づけようとしたものであった。そこで主張されたほどにまで国家が強力だったのなら、社会は脆弱で変化を欠いていたことになる。マルクスが語るところでは、真の変化は一八世紀のヨーロッパの膨張とともに出現したのである。この硬直したイメージは、インド史にかんする現在の著述、たとえば、「村落における農業」や「カースト制度」などの「破壊することのできない原子」がインドを構成している、というエリック・ジョーンズの著述に至るまで繰り返されてきた。[17] カーストはインド史において重要である。だが、以上のようなアジアにかんするヨーロッパ中心主義的な説明では、なぜカーストが重要なのかという問いにまつわる実態に即した見解は得られない。

比較経済史研究は、人間の生活を形成するにあたって地理が担った役割や、人間の活動が環境に及ぼす影響に無頓着で、しばしば不慣れであった。自然資源の賦存状況は注目を集めている。しかし、地理の影響作用《エージェンシー》に気候、土壌、標高や植生などを含めると、資源採取よりも広い概念になる。加えて、資源賦存はバイアスのかかった概念である。(ほとんどの経済史家の見解において、)経済変化にとってどの資源が重要なのかは、一九世紀のイギリスにとってどの資源が重要だったのかによって決まる。きわめて重要な自然資源は化石燃料である。本書は、熱帯モンスーン地域ではエネルギーよりも水の方が貴重な経済資源で、水の採取は燃料の燃焼よりも現地の環境に重大な影響を及ぼした、と主張する。通俗的な言説における「人新世（Anthropocene）」概念の中身は、この違いを完全には考慮できていないままである。

そのうえ、比較経済史の中心には〔水の役割を軽視するという〕方法論的問題がある。ほとんどの経済史家は、所得や人口の示す比率、すなわち平均所得や一人あたり所得によって、望ましい経済変化を測定することを好む。所得は分子、人口は分母として示される。熱帯社会において寿命を延ばすという課題は、温帯社会よりも難しかった。この課題に熱帯地域がうまく対処できたとしても、平均所得は低成長にとどまり、経済学者はその現象を（かたくなに）失敗と呼ぶだろう。インドでは、〔一九世紀最後の一〇年間に始まった〕水の分配における革命の影響で平均寿命は延びたものの、所得にはわずかな影響しか及ばなかったので、それ以降も長期にわたって、平均所得の趨勢は比較的フラットであった。

グローバル環境史は、経済変化に対して熱帯モンスーンの条件がもつ意味をおおむね見落としてきた。『オックスフォード環境史ハンドブック』は、「モンスーン」という用語に言及していない。[18]世界の乾燥地域にかんする野心的な研究は、ヨーロッパ中心主義者が熱帯地域にもっている先入観の多くを問題にしているが、乾燥とモンスーンの組み合わせ――これらが、南アジアの状況を特徴づける季節性を生み出す――に向き合っていない。[19]近年のある本は、南アジアの歴史においては、河川の管理が生活を守ってきたことを示唆している。同書の著者と違って、私はその地域の近代経済史を説明することに関心がある。[20]インド研究者による環境史の研究成果は豊かである。[21]そして、その一部は水にかんするものだ。[22] 帝国主義にかんする洞察に富み、そして主に帝国主義を取り上げているものの、そのような研究は、経済史家が問いかける問題に取り組んでいない。それは、経済成長、人口増加、そして不平等のルーツを理解するにはほとんど役に立たないのだ。

戦後の開発経済学は、地理的条件に関心を向けたが、水を論じることはめったになかった。一九八〇年代には、その分野から分かれ出た一派が、「モンスーン・アジア（monsoon Asia）」というフレーズを作り、なぜ一部のモンスーン地域は季節的失業に直面し、労働力を吸収する活動を優先する必要があったのかを示した。[23] ヨーロッパ中心主義的なアジア史と同じように、これらの研究は、日本の経済的台頭を説明しようとしていた。モンスーン・アジアという日本中心主義的な概念は、乾燥という事態を取り上げていなかった。そのため、それは熱帯モンスーン地域にあまりうまく当てはまらないのだ。乾燥を過小評価することによって、モンスーン・アジアという概念は、多様な地理的空間に恣意的な画一性を押し付けたのである。

本書の主要なテーマは「ストレス」、すなわち、水の使用増加にともなって、利用可能な水の量と質が低下するリスクである。水の利用が支えてきた経済成長と人口増加のトレンドの持続可能性は、非常に重要である。しかし、持続可能性にかんする文献は、モンスーン経済の特異な条件を見落としているため、今回の事例ではあまり役に立たない。ギャレット・ハーディンとエリノア・オストロムによる初期の著作は、共有資源の問題に研究者が注目するきっかけとなった。生態学や経済理論のなかで理解されているように、コモンズの悲劇は、多くの人びとが共有資源を搾取する時に発生し、資源の枯渇を招く。それが意味するところは、良い結果をもたらしえた搾取にまつわる古いルール、すなわち、ハーディンがいう「責任を生み出す社会的合意」は、搾取の過程で放棄され、新たな協力ルールを設計する必要があった、というものである。[24]「悲劇」の観点は水にかんする重要な研究を生み出し、私も特定の文脈で引用している。しかし、本書で論じる資源問題は、過剰使用の問題ではない。むしろそれは、気候と地質が作り出した初期条件に起因するものである。その条件とは、窮乏や脅威をともなうものであった。コモンズは、窮乏や脅威に抗して厚生を拡充させるための対応によって圧力を加えられたが、悲劇とは言いがたいものであった。

気候と水が比較分析の対象となったとしても、比較史研究はほぼ完全に季節性を見落としている。言うまでもなく、季節性はあらゆる農業社会に存在している。ただし、その程度は異なる。季節性の大まかな指標になるのは、月別の利子率の変動である。経済学者のサイモン・クズネッツは、大恐慌前のアメリカの指数を推計した。[25]彼のデータセットでは、繁忙期の利子率は閑散期よりも二〜五％高かった。インドの場合、その数値は二五〇〜三〇〇％にもなった。どちらの国にも、似たような銀行と似たような銀行関係の法律があった。両者の差異は、気候に起因していたが、程度問題以上のものであった。その違いはインドに長い遊休期間をもたらし、投資の機会を大幅に減らしたのである。

＊

要約しよう。本書では、互いに関連する五つのポイントを強調する。

第一に、熱帯モンスーン気候では、経済成長と人口成長は水の安定的供給に依存している。一九世紀インドの乾燥地における貧困と飢饉は、水供給の不安定さに起因していた。第二に、安定的供給を実現するための措置は、この地域に集約農業、都市化、そして死亡率の低下をもたらした。第三に、水不足の世界において、水の不安定な供給に対処するために採用された手段は、持続可能性を損ない、水ストレスを高めた。第四に、一九世紀以降、水へのアクセスに対処する新たな手段が出現したのと並行して、似たような形で（また部分的にはこれらの手段ゆえに）、労働力と資本の労働シーズン間の移動性を高める一連の措置が講じられた。これらの措置もまた、コストをともなうものであった。第五に、このストーリーは、さまざまな種類の環境悪化に直面した世界の経済史をどのように描くべきなのか、という教訓を与えてくれる。

私は、六つの章にわたって物語を進めてゆく。まず一八八〇年以降、一連の人為的行動が人口変化と経済変化にかんする気候的制約を緩和したことを示したうえで、残りの部分では、これらの行動とは何であったのか、なぜそれらが一九世紀後半に現れたのか、そしてどのようなコストがかかったのか、ということを探究する。私は、一九世紀後半の飢饉救済政策が「水の飢饉」を季節条件の一つとして定義し、水に対するパブリック・トラスト（公共信託）を導入したことを示す（第2章）。第3章は、社会的に公認されてきた窮乏の諸形態を批判した政治運動に注目する。第4章は公的な介入、第5章は都市、そして第6章は水ストレスを検討する。第7章は季節性を扱う。最終章である第8章は「モンスーン経済」と題して、比較史研究に対するインド史の含意を探る。

第2章　水と飢饉

飢饉とは、水の飢饉であった……

——インド飢饉委員会、一八九九年

一八七七年、あるイギリス人ジャーナリストは、インドに拠点を移し、『マドラス・タイムズ』の編集者として仕事を引き継いだ。彼の最初の仕事は、マドラスの西方二百マイルの地域で当時猛威を振るっていた飢饉を取材することだった。彼は視察を行い、自分の目で見たものを書きとめ、そして、公的な慈善活動《チャリティ》を始めたのである。彼が目撃したものは、飢えといった、慈善活動が役立つような類のものだけではなかった。彼は、あらゆる場所で人びとが水分を必死に探し求めている光景を見た。それは慈善活動や公的資金では解決できないものであった。険しい表情の村人たちは、「枯渇した井戸を岩盤の奥深くまで掘り起こしていた」。彼らは、「干上がって砂だらけになった河床に湧水や底流を求めて掘っていたのだ[1]」。夕暮れ時に、村人たちはほとんど枯れてしまった井戸にバケツを投げ入れ、翌朝に少しは泥水が溜まっていることを期待した。彼は「いま生きている人の記憶の範囲内でほとんど目撃されたことがない」規模で、人造湖、すなわち「溜池《タンク》が至る所で枯渇している」のを出した。

見たのだ。[2] ウィリアム・ディグビーは、飢饉の報告書に続いて、インドの貧困と飢饉は、南西のモンスーンが失敗した際、イギリスの植民地支配（一八五七〜一九四七年）が水を供給できなかったことに一つの理由がある、と酷評する本を発表した。[3] 公的な調査委員会も、別のアプローチで同じ結論を出した。

それに続く二〇年間で、さらに二つの飢饉が、南アジアの半島地域の中心部分であるデカン高原で発生した。右の一八七六〜七七年の飢饉は、デカン南部の諸県、すなわち当時マドラス＝デカンと呼ばれた地域、および現在ではインドのアーンドラ・プラデーシュ州の南西部で発生した。他の二つの飢饉は、一八九六〜九七年と一八九八〜九九年に、高原の北西部、つまりボンベイ＝デカンとして知られていた地域で発生した。

南アジアでは、これら三つのように甚大な影響を及ぼした飢饉は、それ以前にも発生していた。これら三つの飢饉は、多くの証拠史料を残し、乾燥地の飢饉にかんする理論研究を生み出した点で、以前の飢饉とは異なっていた。新たに出現した理論の示すところによれば、飢饉は熱帯モンスーン気候の特徴であり、食料生産を増加させるための灌漑用水路の適切な拡充と、南西モンスーンが雨を多くもたらさなかった時に食料を速やかに輸送できる鉄道網によって飢饉を防ぐことができる、とのことであった。だが、その計画の後に起きたことは、ちょっとしたパズルのようであった。

一九〇〇年以後、デカン地方で飢饉はみられなくなった。一九〇〇〜四七年にかけて、少なくとも四年間、ほぼ同程度に過酷な気候ショックが繰り返し発生した。「だが、潜在的な危険は、ほとんど抑えられた」[4]。何がそれを可能にしたのだろうか。経済史家は、飢饉緩和政策のいくつかの側面――とりわけ、食料輸送手段としての鉄道建設――が干ばつによる被害を封じ込めた、と述べている(以下詳述する)。しかし、その説明は、水の役割を無視しているので不完全なものだ。飢饉にかんする史料は、食料の飢饉と水の飢饉とを区別していた。鉄道は潜在的に食料の飢饉を解決しうる。だが、水の飢饉を和らげることはできないだろう。予防策としての灌漑整備は、湿潤なデルタ地帯やインダス河およびガンジス河流域で実現した。乾燥したデカン地方では、状況はほとんど改善されなかった。にもかかわらず、一九〇〇年以後、デカン地方では飢饉による死者が急減したのである。

飢饉を扱う歴史家は、報告書が伝える重要なメッセージを見落としていた。報告書は、デカン地方の水問題を解決するにあたり、公的な政策が支持している河川モデルとは別のモデルが必要である、という認識が現地で高まっていたことを明らかにしている。新しいモデルは、地下水に頼るものであったが、地下水へのアクセスは財産法やカースト身分によって制限されていた。飢饉に対する予防手段とは、高価な財産である井戸の安全確保を意味した。したがって、飢饉救済は、井戸の建設や、時には井戸の没収につながった[5]。水に特化した行動は、飢饉の消滅に大きく貢献したのである。少なくとも、これらの措置は、当時としてはラディカルな考えであった、地下資源におけるパブリック・トラストの概念を導入した。

水の問題の解決を困難にしていた、デカン地方の要因とは何だったのだろうか。

*

デカン地方は、沿岸地域やデルタ地帯と比べて、モンスーンの降水量が非常に少ない（図2-1）。デカン地方で発生した三つの飢饉の年には、エルニーニョ・南方振動現象（El Niño Southern Oscillation）が引き起こした異常気象がみられた。降水量データが存在している一世紀以上の期間（一八七一～一九七八年）のなかで、一八七七年は最も乾燥していた。その年の平均降水量は、同期間の水準より三〇％少なかった。一八九六年、一八九九年、それから一九一八年の平均降水量も、二五％少なかった。インド史において、干ばつが発生したもう一つの年である一九七二年は、同程度の降雨不足に直面した。[6] これ以前に生じた四つの干ばつでは、多くの死者が出た。一九一八年には、飢饉よりもインフルエンザの大流行によって大量の死者が出たが、干ばつと病気の間に間接的な影響が存在したように思われる。直近の過去と比較すると、飢饉による死者は一九〇〇年から急減している。以前であれば、平均降水量から三〇％少々下回ると、狭い範囲で飢饉が発生していた。一九〇〇年以後では、この程度の降雨不足が飢饉をもたらすことはもはやなくなった。

デカン地方では、地質上の理由から、モンスーンの失敗の影響は深刻であった。いわゆるデカン・トラップ（the Deccan Traps〔前掲図1-2参照〕）という高原北西側の大部分は、中生代後期（六〇〇〇万～六五〇〇万年前）の火山噴火によって形成されたものである。デカン高原の南東側は、四〇〇〇万～四五〇〇万年前にアフリカから離れ、ユーラシア・プレートと衝突してヒマラヤ山脈を生み出し

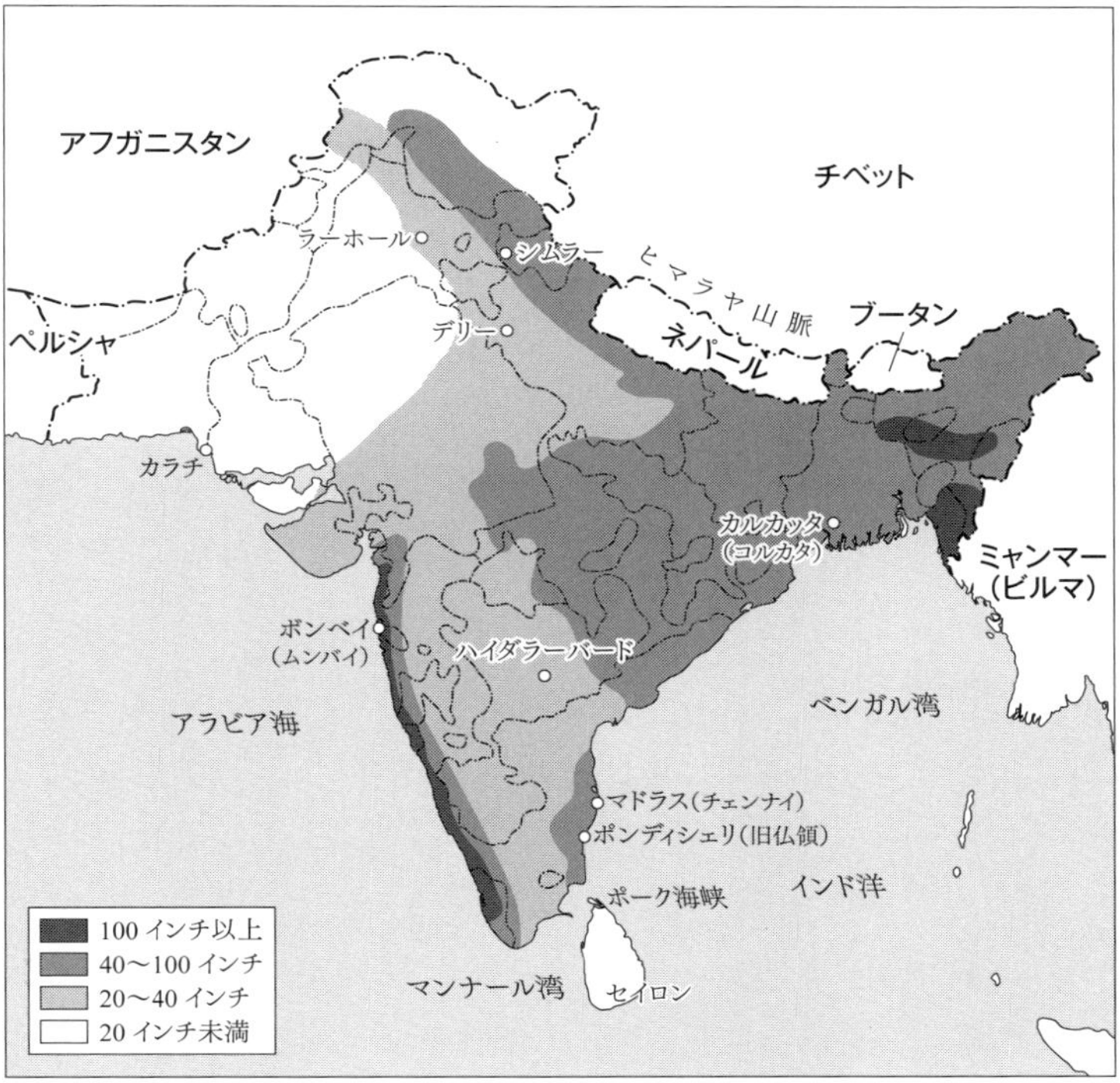

図 2–1　南アジア（インド）の降水量

た東ゴンドワナ大陸の一部からなる。両者は地質学的起源を異にするため、土壌や岩盤のタイプが異なっている。しかし、両地域には硬い岩盤層がある。降水パターンもまた、両地域に均一性を与える。南西モンスーンの雨雲は、西ガーツ山脈を越えるときに多くの水分を失う。高原の高温の空気は対流を生み出し、嵐を発生させて空気を冷やす。とはいえ、季節的な降水量は、山脈の風上側の三分の一以下まで減少する。

　デカン地方は、インド東

部あるいは沿岸部と比べて年間のモンスーン降水量が少ないけれども、インドのなかで最も乾燥した地域ではなかった。加えて、千マイルに及ぶ南北の広がりをもつ西ガーッ山脈には峡谷が少なく、降った雨水の多くは山脈の東斜面を通ってデカン高原に流れ、いわゆるガートを水源とする河川（the Ghat-fed rivers）を形成する。ゴーダーヴァリー河、クリシュナー河、そしてクリシュナー河の二つの支流であるビマ河（the Bhima）とトゥンガバドラー河（the Tungabhadra）は、モンスーンの雨水の大部分を運んでいる（前掲図1-2）。ゴーダーヴァリー河とクリシュナー河の流域は、高原の三分の二以上をカヴァーしている。それでも、「デカン地方の河川は、年間を通じた供給源としてはあてにならなかった」[7]。北インドでは雪解け水が河川を流れるが、デカン地方の河川では雪解け水がなく、そのため、流水量は季節によって大きく変動した。一九〇三年一〇月のある日、クリシュナー河の河口から七〇マイルほど内陸にあるヴィジャヤワーダの町（Vijayawada）付近で、毎秒百万立法フィート（キューセック）以上の水が流れた。当時の夏には、その流水量は数百キューセックまで落ち込んでいた。一八九九年の乾季には、クリシュナーとゴーダーヴァリーの大河は「ひと続きの浅いプールになるほど減少してしまった」[8]。一年のあいだの八カ月にわたって、これらの河は集約農業や大規模な人口を支えるうえで十分な量の水を運んでいなかった。

デルタ地帯を除くと、耕作と生存は、河川の代わりに溜池（人造湖）と井戸に依存していた。井戸の建設は容易ではなかった。デカン・トラップの帯水層は、硬い岩石層の亀裂に発生している。亀裂のいくつかは、連続した火山噴火によって形成されたものである。ガンジス河流域の沖積地では、地下水がほとんどどこでも発見できるが、デカン・トラップでは、地下水の分布は亀裂の位置に左右されている。玄武岩を掘り抜かなければならないため、井戸の建設は高額で、またリスクをともなう仕事だった。「確信をもって水に出会えることなど決してない。デカン地方は……掘られたが失敗に終わった井戸で満ちている。……井戸の失敗率は四〇%を下回る（ことはないだろう[9]——引用者注、以下同）」。たとえ努力が実を結んだとしても、乾季が続けば、井戸の水は危険なほど低い水準まで減少した。

地方の首長と軍事指導者は、金と権力を注ぎ込んで溜池を建設し、その過程では強制労働を利用していた。これらの溜池は、タミル・ナードゥの農村地域や、旧マイソール州である南カルナータカ（southern Karnataka）の広い地域に点在していた。多くの溜池は現在まで残っている。溜池のサイズや容量はさまざまであった。いくつかの例外を除いて、最も優れたものは、河川よりもやや高水準な水の安全保障を全住民に提供していた。一八九六〜九七年のボンベイで発生した飢饉のように、雨が降らなくなると、多くの小規模溜池は干上がってしまった。二〇〇一年ごろに撮影された測地衛星の画像は、「乾季の終わりまでに、溜池は通常サイズのごく一部の大きさに縮小してしまう」ため[10]、近年でさえ、溜池が灌漑に用いられることはまれであることを確認している。溜池の水に対する権利は、井戸水に対する権利よりも民主的であったが、飢饉の時に最も貧しい人たちが水にアクセスできたことを示す証拠はない。深刻な干ばつの時には、地下水位が下がり、溜池は病原菌のキャリアになった。同じ場所で「個人の沐浴、衣服の洗濯や食器の洗い物、家畜への水やり」をすることで、溜池は

「疫病の発生源」になった。[11]

ボンベイとマドラス両地域での主なモンスーン作物は、比較的多くの水を溜められる低地で栽培した雑穀やコメであった。冬のモンスーンが生じる沿岸部かデルタ地帯、あるいは、河川か溜池の水が利用可能な場合に限り、冬の作物であるコメがおおよそ一二月に植えられ、五月に収穫された。このような集約的な農業運営体制は、ゴーダーヴァリー河、クリシュナー河、そしてカーヴェリー河などのデルタ地帯で広くみられた。デルタ地帯や大型の溜池に近接した場所以外では、耕作は降雨に依存していた。その地域の飲料水は、井戸や溜池といった貯水施設からもたらされていた。

一八七六～七八年の出来事以来、井戸の重要性は飢饉対策では常識になった。とはいえ、ほとんどの州で行政当局は、地下水の量と深さにかんするデータを収集したり記録したりしていなかった。飢饉は、それまでの水にかんする統計がいかに脆弱であるのかを浮き彫りにしたのだ。ある役人は、「(グジャラートにおける)水の供給や地下水について、また、職人(ママ)の井戸の利用可能性については多く書かれているが、私の知る限りでは、信頼に値するデータはほとんど、あるいは全くない」と報告した。[12] 一八七六年の災害の記憶が鮮明ななか、役人は、一八九六年にデカン高原西部のトラップ地域に乾季が到来した時、問題の規模を測るために地下水のデータを探し求めた。統計をとる方法はあった。

＊

ボンベイをマドラスと結ぶ大インド半島鉄道を走る蒸気機関車は、道中にある井戸から水を調達していた。内部記録のため、車掌は業務日誌にこれらの井戸の状態を書き留めた。一八九八年の飢饉が始まった時、地方の役人たちは鉄道のデータを探した。鉄道会社は彼らに、一〇年にわたって記録した同じ井戸の水位データを提供した。その数字は衝撃的な事実を物語っていた。比較的乾燥した期間が、「デカン高原全域で膨大な地下水の」ほとんど「完全な消滅」を引き起こしていた。「その地下水は、それ以前では干ばつの年でも汲み出すことができた」[13]。

まもなく、他地域からも同様の内容を伝えるより詳細な報告が届きはじめた。「記憶の限りでは、デカン地方やカルナータカの（全）域で……地下水位がこれほど低くなったことはない」[14]。ショラプール県（Sholapur）では、まだ溜池のなかに水がいくらかあったが、その水位は大きく下がっていたため、残っている水は飲料用に保存され、耕作用の水はなかった。「多くの場所では、やれることをやったが、水を得ることはできなかった」[15]。同じことがボンベイ＝デカンの多くの小都市や軍隊の基地でも繰り返されていた。「降ったばかりの雨は乾燥した表土にすべて吸収されてしまい、湧き水を補充することはなかった」[16]。

地方の役人たちは地下水が重要な警告サインであることは理解していたけれども、彼らの直感を行政が監視システムによって裏づけることはなかった[17]。一八七六～九九年の間に、行政文書では「水の飢饉（water famine）」というフレーズが頻繁に用いられていた[18]。この言葉は、飢饉にかんするメディアの言説にも浸透していった。一九〇〇年に『タイムズ・オブ・インディア』は、「水資源の枯渇のため、村全体が荒廃するのを目にするかもしれない」と述べ、その災難を「水の飢饉」と呼んだ。[19] 水の飢饉は疫病を発生させるため、その見通しは「憂慮すべき」ことであった。水不足は、穀物を運搬したり、深い井戸から水を汲み上げたりする去勢牛の使用をも困難にした。

他地域からの食料輸入は食料の飢饉に終止符を打つことができるが、水の飢饉の解決にはならなかった（ただし、図2-2もみよ）。「飲料水の不足は……当然のことながら、食用作物の失敗よりも恐ろしく、闘うことも難しい」[20]。鉄道もまた、病気に対する解決策にならなかった。飢饉史の研究者は、飢饉の年にコレラが猛威を振るい、死者全体の四分の一を占めたことを把握している。[21] 役人たちは、その関係を理解していた。一八八〇年の飢饉委員会（Famine Commission）の報告書は、「飢饉と疫病は、干ばつから生まれた双子である」と述べている。[22] コレラは水系感染症であり、致死性の病気でもある。治療しない場合、コレラによる死亡率は五〇〜八〇％に達した。そのリスクを乗り切った者でも、致命的でないとはいえ、消耗性の腸疾患にひどく苦しめられた。「水の供給不足が問題の根底にあるのだ[23]」。

国家による救済措置は、たいてい、あまりにも不十分で遅すぎた。だがそれはこの地域に、新たに地下水にかんする二つの原則を導入したのである。井戸は、デカン地方のみならず、どこにおいても私有財産であった。井戸が最終手段であるならば、政府当局は私有の井戸を徴発して、井戸水の質を改善する必要があった。一貫性を欠いたやり方ではあったが、救済努力はこの両方を含み、デカン地方の干ばつと病気を和らげる唯一の資産形態をさらに生み出した。

図 2–2　列車が運んできた水を収集する女性と子ども（2000 年 6 月）

19 世紀の水の大量輸送にかんする記録は残っていない。しかし，より近年の干ばつの際には，列車が実際に水を輸送していた。たいていの場合，女性と少女は，家族のために大変な時間をかけて水を取りに行った。この写真は，彼女たちが時々大きな危険を冒していたことを示している。3 年にわたる干ばつの間，水を輸送する列車は，西インドのジョードプル（Jodhpur）付近のルーニー・ジャンクション（Luni Junction）に停車した。その水は，ピッチャーに水を入れている人たちのためのものではなかった。出典：Roger Lemoyne and Getty Images.

避難収容施設はほとんどなかった。収容施設では、清潔な水の供給源が必要だった。さもなければ、多くの人が一箇所に集まることで、収容施設はコレラの温床となっただろう。たとえ収容施設付近で水が得られても——この条件はなかなか達成されなかったが——、「水の供給不足ゆえ、個々の作業は少人数にならざるをえな（かった）」[24]。イングランドの救貧院の伝統にしたがって、避難収容施設にやって来た人びとは、体力があれば、食料のために自らの労働力を提供する必要があった。水が豊富にある地域では、飢饉とは食料の飢饉であり、労働者がその日の分の水を持参すれば、収容施設は仕事と食料を与えた(25)。この選択肢は、デカン地方には存在しなかった。したがって、最初の仕事は井戸を掘ることだった。新しい井戸が十分な水を産出する、という確かな見込みはなかった。その試みに失敗されてはたまったものではなかった。試みが失敗すると、救済を求める人たちは、近くの川底に存在した汚染水のたまりに目を向けたのである。「収容施設の労働者がこれらの汚染された水源から水を汲み上げないようにするために、多大な努力がなされている。しかし、……収容施設ですらこれを強制することは難しい」と失望した役人たちが書き残している(26)。そのため、コレラによる死亡率は農村の方がはるかに高かった。

不運があったとはいえ、救済活動は成功を収めた。コレラは封じ込められたのだ。井戸を消毒し、いくつかの井戸は接収し、そして新たな井戸を建設することで、救済システムは清潔な水へのアクセスを拡大することができた。一八九九～一九〇〇年のインド中央部の飢饉にかんする報告書によれば、「ほとんどどの場所でも、その取り組みを通じてこの病気〔コレラ〕は撲滅できたが、水の供給状態が悪ければ、村からそれを根絶することはできなかった(27)」。

このようにして役人たちは、干ばつ、地下水、所有権とコレラの関係を観察していた。この組み合わせには、五番目の手ごわい要素――宗教――があった。井戸の所有者は、土木技士と飢饉担当官の介入を歓迎せず、水をシェアしなければならないことに腹を立てた。このような態度を示した理由は、カーストの言葉で表現された。下位カーストと水をシェアすることは、上位カーストの人びとにとって宗教的禁忌《タブー》であった。収容施設では、すでにカーストごとに調理場と住居を隔離する対応がなされていたため、この感情に対抗することはほとんどできなかった。救済担当官には、その感情を共有していた者もいた。ある私有の井戸が徴発された時、担当官たちは水を運搬するため上位カーストの人びとのみを雇用しなければならなかった。[28] 隔離は優れた戦略ではなかったが、それでも一つの戦略だったのだ。可能な限り、「下位カーストの人びとには……別の井戸が与えられた」[29]。ボンベイ飢饉準則(Bombay Famine Code)は、当直の医務官に、「下位カーストの人びとに割り当てられた……水の供給状態を監視する」ように指示した。[30]

カーストとコレラの相互依存は非常に強かったため、飢饉担当機関はカーストの問題に介入しなければ人びとの命を救えなかった。一八八〇年の飢饉委員会は、「偏見に介入するリスクが改善の妨げになることが多い」と後悔の念をもって観察していた。[31] 飢饉が最も厳しい時には、社会的不平等は通常以上に深刻になった。ボンベイ知事のリチャード・テンプルは、一八七六~七七年の飢饉の際に、「農業労働者、……貧しい職人層、そして……村の使用人など低いカーストや階層」は、この災害で最も苦しんだ人びとであったことに気づいた。[32] 下位カーストが共同井戸を使用する権利をもっている村はほとんどなかったため、彼らは干ばつの間じゅう苦しんだのである。一八九九年の飢饉の際にも再び、地方の役人たちは、「死亡者の「カースト」について、圧倒的多数が「下位カーストのヒンドゥー教徒」(であった)」ことを発見した。[33] 被抑圧カーストのメンバーは汚染された池を頼りにしていた一方、村のエリート層は井戸を独占していた。[34]

一八九八～九九年になると、役人たちは二〇年前よりも積極的に行動するようになった。彼らは、法的に確立された私有権を覆す行政権力を行使して私有井戸を徴発する準備をよりいっそう整えていた。[35] 英領インド政府はカースト特権の剝奪に消極的だったが、一八九九年の飢饉に際して、救済当局はしばしばそれを実行した。救済金を用いて非常に多くの井戸が徴発された。

当局は私有井戸や共同井戸へのアクセスを確保し、その供給能力を増強しようとした。一八九六～九七年の間、飢饉救済には、「必要かつ望ましい場合に井戸を深くして、家畜や人びとの他地域への移動を防ぐために井戸が必要になりうる地域では、新たに井戸を掘る」政策が含まれていた。[36] 井戸をより深く掘るよう求める声は、水の飢饉のリスクを回避する手段として、西デカンでは繰り返し聞かれた。

こうして、一八七六～一九〇〇年に、水に対する懸念点は、水の供給量から安全性へと変化した。この変化は、飢饉史の研究者が見逃してきたことを考えると、強調に値する。[37]

＊

一八八〇年の飢饉委員会の報告書を一九〇一年の報告書と比べると、飢饉予防のためになぜ水の制御が必要なのか、という点にかんする当局の飢饉分析官の見解が変化したことに気づく。一八八〇年には、水は食料生産を増やすために必要とされた。食料と鉄道――食料をより速く運搬する手段――は、飢饉政策の重要な要素であった。だが、一九〇一年までにその強調点は、病気に移っていた。意識の変化は、コレラは飢餓よりも多くの命を奪うということ、また確実でさらに安全な水は私的財であるということを知識として得たがゆえに生じた(38)。

コレラはインドの風土病であった。その発祥地はベンガル・デルタ中部であった。しかし、一八一七年の大流行以来、この病気は広がり、一九世紀第二四半期までにヨーロッパ、北米、ロシア、東南アジア、そして中東に到達した。船舶、移民、そしてメッカ巡礼者がそれを遠くまで運んだのだ。これらの伝播ルートについてはよく知られている。だが、インド内部でこの病気が広まったルートについてはあまり知られていない。デカン高原はこの病気の発祥地でもなければ、ベンガル中部地方とデカン地方の間で過去に人的交流があったかも不明である。したがって、デカン地方における最初の大流行は、いまだに謎に包まれている。ひとたびコレラが発生すると、それは森林火災のように広がった。一八五〇年代にロンドンで行われた研究のおかげで、一八七六年までにはコレラと水の関連性が証明された。インドでも調査を行ったドイツ人細菌学者ロベルト・コッホによって、一八九六年までにはその病気を引き起こす菌が特定された。この調査は、コレラ菌が水中に存在することを明らかにした。ワクチンの普及はまだ遠く、集団接種の希望は夢にすぎなかった。現場にいた医師と役人は、水質について手を打たなければならなかった。

一八六〇年頃、衛生監督局（sanitary commission）は、インド軍の衛生状態を調査した。その報告書が兵舎の劣悪な衛生状態を明らかにするとすぐに、ボンベイ地方とマドラス地方に衛生監督局の事務所が設立された。軍の駐屯地の水質は、ただちにターゲットになった。そのような特定の場所以外では、監督官の任務は情報収集に限られていた。それは重要性の低い部署であった。地方政府には、その仕事を支えるための資金がほとんどなかった。

コレラは、衛生監督官の目的をより明確にして飢饉対策の中心に位置づけた。この部署は井戸の大規模な消毒を行い、そのような介入を嫌う井戸の所有者たちと争った。衛生技術者の登用は、飢饉対策の活動を新たな段階へと引き上げた。彼らの最初の仕事は、疫病を防ぐための調査を実施することだった。その報告書は、飲料水の汚染を減らす、という行動項目に焦点をあてていた。公共事業局(Public Works Department)もプロジェクトに加わって、「一八九〇年代には、給水および排水計画にかんする大規模な作業がいくつか進められた[39]」。順風満帆であったわけではない。たとえばマドラスでは、衛生技術者は市政府と公共事業局との間で右往左往した。それでも、水質浄化運動は成果を上げた。一九〇〇年のピークではコレラによる死者は千人あたり四人であったが、一九三五年の最後の大流行では一人未満へと減少したのである。

介入は混乱を招いた。しかし、教訓を得ることができた。

*

一つの教訓は、データの必要性である。飢饉報告書の増加は、ある目的意識の表れを示唆している。インドのイギリス人植民地支配者が対処しなければならなかった最初の大災害である一七七〇年のベンガル飢饉にかんして印刷された文書の量は、百ページにも満たなかった。一八九六〜九七年のデカン地方における飢饉では、その出来事にかんする私的な著作を除いても、五千ページ以上に及ぶ文書が作成された。文書化と分析は、一七七〇年のベンガルから一七八三年の北インド、一八三三年のグントゥール、一八三七年の東インド、一八六六年のオリッサ、一八七六年、一八九六年と一八九九年のデカン地方の飢饉にいたる、飢饉の連続的な記憶を創り出した。その後の報告は、過去の出来事すべてを結びつけて、各事例では何を誤り、人命救助のために何ができたのか、といった点にかんする教訓を引き出した。

この文書化は、インド史では前例がなかった。政府のデータ収集システムは一七七〇年の飢饉以降を調査した一方、それ以前のほぼすべての出来事にかんする知識は、支配者の聖伝（一四世紀の北インドにかんするジアーウッディーン・バルニー〈Ziauddin Barni〉の記述など）、旅行記、それからバラモンの聖職者が著した統治術の手引き書などから得ていた。この二種類の情報源は比較することができない。聖伝そのものがほとんど残されていないため、一部の飢饉史の研究者がそれらをもとに、飢饉は一七七〇年以前の時代にはまれにしか起こらなかった、と示唆することもあった（呆れたものである）。過去の飢饉にかんする報告が聖伝的著作から得られる場合、それは王や地主が彼らの民の面倒を見ていたことを私たちに教えてくれる。バラモンの手引き書はほぼ常に、食料不足の時は王にはバラモンを養う神聖な義務があることを思い出させるものであった。イギリスによる植民地支配以前に作られたこれらの史料は、飢饉の時に何があったのかを、信頼に足るレベルで映し出してくれているわけではない(40)。それとは対照的に、英領インドの報告書は、事実関係を究明する調査であり、メンバーが同じ関心をいつも共有しているわけではなく、それゆえに、単一の政治的方向性を打ち出すことができないチームの努力であった。

知識は、干ばつのリスクに対する理解を深めた。一八八〇年までに、こうした理解は介入主義的な姿勢へと結晶化した。インドでは、食料生産が降水量にあまり左右されないようにするべく、多くの人工灌漑が必要とされた。インド飢饉委員会の報告書（一八八〇年、一八九八年と一九〇一年、さらに一九四五年の飢饉調査委員会〈Famine Enquiry Commission〉の報告書）、インド灌漑委員会（Indian Irrigation Commission, 一九〇一～〇八年）の報告書、そして飢饉準則（一八八三年およびその後の州準則）は、ハイリスクな農業環境ゆえに飢饉が発生した、と述べた。熱帯地域では、水は土地よりも稀少な資源だった。モンスーンの雨が主な水源であった時、水供給には重大なリスクがともなっていた。すべての地域が同じように影響を受けたわけではなかった。しかし、「土壌が貧しく、降雨が不安定で、人工灌漑がほとんどない」地域では、「干ばつが訪れるたびに深刻な影響を受けていた」[41]。一九世紀後半に行政官は、将来の飢饉に対する保険として、灌漑工事と廃れた溜池の修復を推奨した。

この灌漑に対する強調は、インダス河・ガンジス河流域とデルタ地帯に大きな変化をもたらした。これらの地域では、地質や河川構造のおかげで通年性の用水路がみられた。両河川の流域は、ヒマラヤ山脈から流れてくる雪解け水が運んだ沖積堆積物から構成された平地であった。これら通年性の大河川はモンスーンに依存した南インドの河川よりも多くの堆積物を運ぶが、沖積平野はモンスーン河川のデルタ地帯でもみられた。土壌のタイプは流域によって異なる。概して、その土壌は多孔性で栄養分に富み〔窒素含有量は例外〕、河川は基本的には用水路灌漑を維持しており、沖積地では井戸を安価に建設することができ、そして、これらの要素が組み合わさることで集約農業が支えられていた。流域とデルタ地帯はすでに水に恵まれた地域であった。これらの地域では、一九世紀の飢饉の衝撃は乾燥した南部よりも軽微であった。

南インドには、これらの条件は存在していなかった。用水路は飢饉の解決策にはならなかった。ここでは、地下水へのアクセスが重要であったが、そのアクセス〔の拡大〕は私有財産権と身分によって妨げられていた。水へのアクセスは技術的にも困難であった。それ以上に、法的にも困難であった。行政の介入と、第3章で示すようにアクセスの平等を求める闘いが必要になっていた。飢饉にまつわる文書は、この問題にかんする意識の高まりを示していた。

一八八〇年〔の報告書〕において二番目に主要な焦点は、輸送手段であった。経済史研究では、一九〇〇年以降の乾燥地における飢饉の消滅が鉄道網の拡大によるものであったことが認められている。デカン高原からの飢饉の消滅に鉄道が決定的役割を果たしたことは、歴史家のミシェル・B・マカルピンによって最初に提唱され、近年の研究でも確認されている。[42] 当時の行政官はその関係性を理解していた。一八九九〜一九〇〇年の出来事の報告書は、「最も高い死亡率は、鉄道や水に直接アクセスすることができない地域でみられた」と述べている。[43] ほとんどの鉄道は飢饉救済のために建設されたのではなかった。しかし、飢饉時にも民間交易は維持されなければならないという教訓のために、鉄道は便利な武器になった。鉄道がないところでは、政府は「商業を奨励して刺激するため」他の輸送手段を供給することを約束した。[44]動物の命を維持することは、地域交易の再活性化や耕作への復帰のために必要な手段だった。

しかし、輸送手段は水については解決策にならなかった。本章の冒頭にある引用は、デカン地方の飢饉にはそれまでとは異なる戦略が必要であるという新たな認識を反映したものだ。鉄道も用水路も、その戦略の一部にはならなかった。その戦略の中心に位置したのは井戸であった。その目的は、地下水へのアクセスを増やし、安全に飲めるようにすることであった。飢饉委員会の報告書においてコレラへの言及が増える一方で、灌漑や鉄道への言及が減ったのは、意識の変化を反映していた。デカン高原の飢饉では、コレラで死亡した何十万もの人びとは、身体的な弱さゆえではなく、安全な水源が枯渇したり、富裕な上位カーストの村人が水源を防護したりしたために、汚染された水に依存して暮らさなければならず、それゆえに亡くなったのだ。

政府には清潔な水を供給する手段があったのだろうか——必ずしもあったわけではなかった。なぜなら、デカン地方の水域のほとんどは地下にあり、政府にはこれらの水源に合法的にアクセスする権利がなかったからである。一八七六～七八年に、地元の役人は何をすべきか分からずに手をこまねいていたが、死者が出るのを防ぐためには財産〔井戸〕を接収するか新たなものを建設する必要があると勘づいていた。それは、社会に深く根ざした不平等が存在するとともに、私的所有権の不可侵を誓った政府が支配する地域では困難な課題だった。そのような姿勢にもかかわらず、第二次（一八九六～九七年）・第三次（一八九八～九九年）の飢饉の際、デカン・トラップでは多くの新たな井戸が掘られたのであった。多くの私有井戸や共同井戸が徴発され、清掃された。この行為は、単なる飢饉救済以上の意味があった。それは地下水に対するパブリック・トラストの原則の主張であった。政治的なコミットメントに裏づけられた主張ではなかったが、それでもなお一つの主張であった。

＊

「帝国主義も植民地主義も、たんなる蓄積行為でもなければ獲得行為でもない」、「両者はともに支えあい、そして、両者は、……支配そのものと結託《アフィリエイト》した知の形式によっても推進される」というエドワード・サイードの驚くべき主張に影響されて、アジア・アフリカのポストコロニアル史研究者は、帝国体制が植民地について得た科学的知識が、その支配をさらに強化したと主張した。[45] これらの歴史家は誤っている。ヨーロッパ人がインドについて知っていると思っていたことは、飢饉が発生するたびに大きく動揺した。デカン地方の飢饉は、帝国にとって恥辱となった。これらの飢饉は、行政官が現地の地理や人びとをほとんど理解していないことを暴露した。被災者の間の不平等は深刻で、ある人びとが他の人びとよりも早く死亡することが、社会的慣習のなかで許容されていた。飢饉を抑制するには、その不平等を無効にする方法を知る必要があったが、行政官はその方法を知らなかった。

当局の知識はまだ成熟していなかった。植民地科学の脆弱さが露呈した上記の機会は、情報や統計を集め、探究と調査を行い、古い理論を捨て、起源にかんする新たな理論を発見し、行動計画を立てる努力を促した。その知識には目的があった。その目的は支配ではなく、命を守ることであった。そして、それは実現した。コレラの死者は一九〇〇年以後に減少した。ワクチンや事前処理を施した水道水のみでは、この結果は得られなかった。飢饉報告書は、救済兼予防策として、公衆衛生と食料供給と水へのアクセスとを組み合わせる必要性を示していた。

このように、一連の壊滅的な飢饉は経済変化にかんする生態学的言説を生み出した。その中核となったアイデアは、熱帯モンスーン気候は干ばつのリスクを引き上げるというものだった。このパラダイムに従った最初の行動計画は、鉄道や用水路を解決策として重視するものであったが、デカン地方の飢饉では、用水路はその地理的条件からみて持続可能な選択肢ではなかったためうまくいかず、コレラは減少する表流水に依存する多くの人びとの命を奪った。鍵となる資源は地下水であった。一八九〇年代の救済活動は、結果として以前よりもさらに多くの井戸を建設した。救済活動が始まった時の衛生監督局の事務所には、金も権力も目的もなかった。飢饉は事務所の役割を明確にした。衛生を担当する当局の努力によって、コレラは以前ほど致命的ではなくなった。

あらゆる努力が人びとの命を救い、死を防いだ。しかし、農業条件はあまり改善されなかった。飢饉救済の受益者はあまりにも貧しく、十分な土地を所有することも、十分な信用にアクセスすることもできなかった。井戸水へのアクセスは彼らの生存を確保したが、それは資本資源とは言えなかった。カーストは、彼らの窮乏の原因の一つであった。上位カーストが無傷であったわけではなかった。だが、下位カーストの苦しみはより大きかった。乾燥地の飢饉における死亡率に、カースト間で偏り《バイアス》がみられたのは、安全な水へのアクセスに、カースト間で偏りがあったからである。文化の問題には干渉しないというイデオロギーに囚われた植民地主義は、この規範を破る適切な媒介《エージェント》とはいえなかった。乾燥地での最後の大飢饉から数年の内に、これらの偏りに挑戦する運動が形成されることになった。

第3章　水と平等

（一八九九〜一九〇〇年の）死亡者の「カースト」については、圧倒的多数が「下位カーストのヒンドゥー教徒」である。

——インド飢饉委員会、一九〇二年

不可触民は水を望んでいない。彼が望むものは共同井戸から水を汲む権利なのだ。
——B・R・アンベードカル、一九三二年*

これら二つの引用は、三〇年の隔たりをもってひとつのストーリーを繋いでいる。水の分配は身分にもとづいていた。その後分配は改善されたが、水へのアクセスと身分との関連性は消えなかった。飢饉救済の活動は、ある程度は分配に変化をもたらした。だが身分にもとづく権利は、国家が手を出せなかった、または手を出したがらなかった慣行や信念のなかに根づいていた。救済活動のみでは、慣習の力を弱めることはできなかった。しかし、飢饉の記録文書は、自然災害の際、伝統がいかに致命的な影響をもたらしたかを暴露した。戦間期の初めに「共同井戸から水を汲む権利」を獲得せんとする闘争が始まった時、このことは広く知られるところとなった。その舞台になったのは、飢饉の記憶がまだ鮮明であった西インドである。第3章では、この闘争について述べていこう。

一八八〇年の飢饉報告書は、水へのアクセスと身分との関係を初めて体系的かつ大規模に明らかにした。その後南インドの乾燥地を襲った二度の飢饉の際に作成された記録文書は、その関係をさらに明確にした。カーストによって分断されたコミュニティでは、村の井戸へのアクセスは排除をともなっていた。乾燥したデカン高原だけでなく、水の豊かなインダス河・ガンジス河流域でさえも、井戸を建設して所有する権利は身分にもとづく特権であった(1)。

したがって、水へのアクセスは、家族やコミュニティの間で差別化され、不平等であった。安定的な水供給への私的権利は、儀礼上の浄性という名目のもとに守られていた。その結果、飢饉の死亡率には、カーストごとに著しい偏りがみられた。飢饉の救済にあたった行政官は、理論的には井戸を差し押さえることができたが、そうすることは宗教に対する侮辱を意味した。それでも、行政官は以前よりも頻繁にそのような措置をとったが(第2章)、少数の行政官は宗教を打ち負かすことができず、またそれを望んでもいなかった。西デカン地方の反カースト運動はここから教訓を得て、立法府や裁判所に闘いを仕掛けた。

一九〇〇年代初頭までに、井戸や溜池に対する権利を上位カーストから奪い取ろうとする非組織的な運動が西インドで発生した。上位カーストはこれらの資源を利用する権利を占有していた。水の権利の平等を求める運動は、戦間期には乾燥した南インド全域で、法律と組織化された政治によって継承されていった。法学者、政治家、そして社会改革者であったB・R・アンベードカルは、その広範な著作や記録文書のなかで、自身が被抑圧カースト(depressed castes)と呼ぶ人びとに対する市民権の否定を取り上げ、とくに西インドや南インドで、彼らがその権利を主張し抵抗や暴力に遭う事例が増加していることを明らかにした。第3章では、伝統的な特権がどのように攻撃され、またそれに対するバックラッシュがいかに生じたのかを述べる。

インドを舞台として平等を語ることは、カーストについて語るということである。まずはカーストについて語ることから始めよう。

*

「カースト制度」というフレーズは、一般的な用法ではいろいろな意味をもつことがある。その一つが、不可触性である。この概念は、バラモンであることと儀礼的な浄性または神聖さとの関連から生まれた。水にまつわる規則は、カースト制度一般ではなく、不可触性に由来している。

上記の運動にかんする同時代の批評家は、これらの概念を古代の一連の権利の遺産として取り扱った。一九三六年に、アンベードカルは被抑圧カーストの主要な代弁者として、この遺産について説明した。カーストと神聖さは相互依存的な概念であるため、ラディカルな方法を用いなければ、「カーストの絶滅（annihilation of caste）」を実現することは難しかった[(2)]。カーストと神聖さの関連は、他者と水を共有することが汚染やカースト喪失を引き起こすという規範を意味していた。

経典の解釈によれば、この道徳規則はインドの伝統から受け継がれてきたものとされる。P・V・カネーは、千年にわたるカーストの禁令を総括して、「インドのカーストにかんする著作のほとんどにおいて、カースト制度の特徴としていくつかの点か指摘されている」と述べた。その一つは、誰が誰から水を汲めたか（あるいは汲めなかったか）という点である。[3] その根底にある考え方は、水は共有可能な財ではなく、水の使用権はカーストによって決まるというものだ。[4] 統治術や社会行動にかんするヒンドゥー教の古典的著作は、その点を強調している。

一九〇〇年ごろに国の支援の下で「部族とカースト」にかんしてなされた一連の研究は、カーストと水との関係を扱った。身分は相対的なものである。これらの報告書の著者たちは、主観的な序列から独立した身分の一覧表を作るための独自の基準、すなわち価値基準財（*numéraire*）を見つけ出そうと奮闘することもあった。彼らのなかには、それを水にまつわる規則に見出したと考えた者もいた。彼らは、バラモンが誰と水を共有していたかにもとづいて身分を定義した。[5] ベンガルの帝国官僚ハーバート・ホープ・リズリー（Herbert Hope Risley, 一八五一～一九一一年）は、ベンガルの部族とカーストにかんする四巻に及ぶ研究書を著した〔巻末の文献リスト参照〕。それは、誰が誰から水を入手していたかを基準にして身分を同定した点で、他の研究書に抜きん出ていた。リズリーの見解は影響力をもった。彼は、多くの人びとから、インドの民俗誌学や人体測定学研究の立役者とみなされた。

水へのアクセスから排除された人びとに名前を与え、その数を測定するための実用的な規則を見つけようとする試みは、一連の用語の発明につながった。これには、テキストから引き出された不可触民（*untouchable*）、被抑圧階級（*depressed class*）や排除されたカースト（*excluded caste*）などがあった。二〇世紀には、ナショナリズムと反カースト政治運動が、ハリジャン（*harijan*）、ダリト（*dalit*）、それから公的な用語である指定カースト（*scheduled caste*）などの名前をさらに発明した。なぜこれほど多くの名前が発明されたのか。不可触民は、儀礼的に認められた慣行を表した。他のほとんどの用語は、その慣行の拒否を意味し、実質的には搾取を是認している儀礼重視のヒンドゥー教の拒否をも意味していた。

この古代の遺産という考えは、後世の人類学者にも影響を及ぼした。インドは「単一の真なる原理、すなわち浄なるものと不浄なるものとの対立」にもとづいた一つの文明である、というルイ・デュモンの見解は、水の権利の起源について古典学者らが述べたことをあらためて確証するものであった。[6]その権利の性質は、近代的な意味での所有権ではなかった。それは二面性のある主張をともなった道徳的権利であった。[7]バラモンには村の井戸を使う権利があり、不可触民には同じ井戸を使用しないという宗教的な義務があった。この二面性のある権利は、多数の不可触民や政府の役人を含めた大勢の人びとにとって、信仰を守ることそのもののように映った。アンベードカルの宣言――「不可触民は水を望んでいない。彼が望むものは共同井戸から水を汲む権利なのだ」――は、二面性のある道徳規範を表現している。[8]

植民地時代の法改革は、道徳規範をより強制しやすいものにするうえで間接的な役割を果たしたかもしれない。一九世紀の植民地時代における所有権改革では、使用権よりも所有権が優先された。すなわち、居住地にある井戸から汲み上げられる水が共有財産だったとしても、井戸そのものは私有財産とみなされることを意味した。身分が土地所有や住居の質と関連していたならば（実際そうだった）、居住地の井戸は私有財産であったため、身分はまた水の確実な所有とも関連していたことになる。このような状況は、法と宗教によって認められた水の管理権を上位カーストに与えることを意味した。すべての井戸が居住地にあったわけではなかった。貧しい村人はしばしば、一つか二つの共同井戸から水を汲んでいた。飢饉時だけでなく通常時ですら、被抑圧カーストは村の井戸や溜池、あるいは池へのアクセスを失うことがあった。このような排除は成文法（formal law）とはほとんど関係がなかった。それは道徳律と大いに関係があったのだ。道徳的権利は非常に強力であったため、飢饉救済にあたった当局はこのような占有行為に対する態度を決めかねた。これらの事例は、多くの人びとにとって水に対する二面性のある権利が公正なものとしてみなされていたことを示唆している。

その公正（justice）の概念とは古いものなのか、それとも新しいものなのか。それはインドの伝統の一部だったのか、それとも植民地時代に創られた伝統だったのか。

＊

アンベードカルやデュモンが、水に対する権利の不平等はインドの伝統に根ざしている、と述べていたとしても、近年の歴史家と人類学者はその逆を主張している。インドにおける自然資源へのアクセスにかんする歴史研究では、おおよそ文化的規範よりも法的な財産権が重視される傾向にある。そこではまた、水や水に対する権利も無視されている。にもかかわらず、インドの飢饉にかんして広く受け入れられている見解は、一般的な解釈となりうるものを次のように示している。イギリスの統治以前、「インドの大部分では、水は常にコミュニティに管理された共有資源であった」[9]。このような見解によれば、共有と協調は古くからの規範で、不平等と排除は植民地時代に創り出されたものとなる。「常に」という言葉は重要である。それはインド文化、すなわち植民地支配者が破壊した善き遺産を象徴し、その破壊の結果、飢饉がより生じやすくなったとされる。しかし、このような推論は、検証不可能で疑わしいものだ。植民地時代の財産権改革は所有権を認め、コモンズに対する権利を未定義のままにした。国家はこれらの権利を詳細に規定しなかったため、コモンズに対する権利は植民地時代の財産規定が始まった後でも文化的慣行に埋め込《エンベッド》まれていた。文化は右の引用のように包摂を奨励したのだろうか、それとも古典学者が述べたように排除を奨励したのだろうか。

　デュモンは人類学者の間でいまや流行ってはいない。カーストを扱う歴史家や文化人類学者の多くは、カーストの基本的側面の一部は、一九世紀の植民地統治によって創り出されたと信じている。影響力のある一連の著作では、カーストの重要性を含む村落の伝統は、村落の構造をより明瞭にするために、植民地統治初期に再創出されコード化された、と主張されている[10]。植民地支配者は、インドのデータをある意図のもとに読むことで、インドの文化を「固定した」というのである。この主張が含意するところによれば、インドの文化は、植民地支配者が想像していたほど永続的なものでもなければ、階層的なものでもなかった。これらの著作ではみな固定化（fixing）という単語が使われているが、厳密な意味で使用されることはめったにない[11]。植民地化以前の社会制度にかんする歴史研究の質もまた確かなものではない。

タミル・ナードゥの小地域を研究している歴史家は、植民地時代初期の水と権利について詳細な像を描き出しており、その見解は再創出説を支持している。またデイヴィッド・モスは、タミル・ナードゥ南部の耕作にとって溜池がいかに重要であったかを示している。[12] モスは、タミル・ナードゥにおいて、初期の植民地支配者は強制労働を利用した溜池の維持をインドの伝統の一部であると信じていたが、実際にはそれほど伝統的なものではなかったことを示唆している。しかし、その主張は強制労働にかんするもので、不可触性にかんするものではなかった。

不可触民制は創り出されたものなのか、それとも継承されたものなのか。現在のカーストの権利活動家が、剝奪は近代の虚構であるという考えを受け入れるとは思えない。アンベードカルであれば、その考えを軽蔑するだろう。彼は、カーストと神聖さとの結びつきはヒンドゥー教の世界観に根ざした古いもので、植民地時代のものではないと信じていた。実際、イギリスのインド統治はその結びつきを破壊することで正義をもたらすと約束したが、結局のところ臆病すぎて、それを実行するには至らなかった。[13] インド史の異端的理論家ダモーダル・ダルマーナンダ・コーサンビー（Damodar Dharmananda Kosambi）は、「奴隷カースト（slave castes）」の形成は宗教よりも気候に起因すると信じていた。古代に頻発した飢饉のために、「先住民は自由を手放して、最低限の、しかし安定した生計のために（契約させ）」られた。[14] ここでの自由とは、土地や水といった財産を所有する自由を意味する。この意見は、リスクがインド人の生活の一部であることを強調し、不自由を受け入れることでリスクが軽減されたことを示唆している。歴史家であり水に対する権利を主張する活動家でもあったある人物は、自然資源へのアクセスにおけるカースト上の不平等は植民地時代に創り出された、という考えを否定している。「イギリス人がやってくる以前であっても、インドの小農《ペザント》社会はかなり不平等であった。この階層化の一因はカースト制度で、これはインドの農村社会の大部分の人びとが土地所有者になることを妨げてもいた」[15]。土地も水も稀少資源なのだから、土地にあてはまることは水にもあてはまるはずだ。[16]

古くから続くものであるか否かはさておき、一九一四年ごろには、水域に対する私的あるいはコミュニティの権利は、法的な権利だけでなく道徳的な権利でもあった。この道徳規範は、戦間期に生じた抗議運動中に攻撃にさらされた。この運動は、法の支配を守ることが自分たちの義務だと信じていた植民地行政当局と衝突した。法廷は最後の手段だった。一九一四年のある訴訟はその好例である。

*

一九一四年、ヒラーマン・ドーンディー・モチー（Hiraman Dhondi Mochi）はボンベイ近郊の寺院に付属する神聖な湖から水を汲み上げた。皮革職人で不可触民であったモチーは、湖を利用するときに自らのカースト・アイデンティティを隠し、果物売りのふりをした。モチーの正体が見破られると、寺院は水を汚したという理由で彼を訴えた。宗教への侮辱は刑法上の罪であった。治安判事は実刑判決を命じた。だが、その訴訟は控訴され、モチーに有利な形で解決した。控訴裁判所は、水を汲むこと宗教への意図的な不敬を区別して、両者が混同されてしまうとほとんどのインド人がすべての河川にアクセスできなくなるだろうと見解を示した。[17]

裁判の結果であれ、地方自治の拡大の結果であれ、その後一〇年間、西インドの多くの村で、上位カーストが神聖なものとみなした貯水池の支配権を握ろうとする集団が出現した。これらの事態は暴力や裁判沙汰に発展することなく、何らかの仲裁が入って終わることが多かった。一九二四年にマハーラーシュトラ州中央部の寺院町ロナール（Lonar）で起こった事件では、「五百人の不可触民からなる一団が神聖な水路を汚」そうとしたが、「副弁務官（Deputy Commissioner）が、同じ試みを繰り返す場合には即時逮捕すると被抑圧階級を脅した」ため、失敗に終わった。[18] 井戸へのアクセスを開放するための一九三一年の運動も、被抑圧カースト集団間での争いのために失敗した。カーストは動く標的であった。一九二五年の争いを報じた新聞は、「「不可触民」の階層のなかには不可触性の等級《グレード》があり、そこでは高い等級の者は低い等級の者の井戸から水を飲まない」と述べた。[19]

さらに三番目のタイプの結果は、部外者《アウトサイダー》〔外部の活動家〕による仲裁であった。これは、M・K・ガーンディーやアンベードカルが異なる論拠にもとづいて被抑圧カーストを政治の本流に引き込もうとしたため、西インドでより頻発するようになった。一九三一年、カルナータカのある村で、ある政治活動家が上位カーストに対し、貧しいカーストにも〔水の〕アクセスを開放するように説得した。その際、貧しいカーストが肉食と飲酒を諦めることが条件とされた。[20] アンベードカルの『カーストの絶滅』は、現地の抗議活動について多くの事例を記録している。都市の新聞もまた、安全な水が――

それまで「共有された社会的価値」の名の下に守られてきた、私的およびコミュニティの財が——占有の標的となった多くの事例を記録し、議論した。

一九二七年、ボンベイの南方百マイルにある小さな町マハードで、最も組織化された運動が起こった。アンベードカル率いる集団は、町の溜池から水を汲む権利を獲得しようとした。一九二七年、この運動は失敗したが、問題は法廷に持ち込まれた。一九三一年一月、地方の裁判所の判事は、マハードの溜池は公共の財産であり、すべての者に開かれている、と判決を下した。[21] それ以後、平等を求めるアンベードカルの運動への参加は、インド政治史における一つの転換点となった。

ビームラーオ・ラームジー・アンベードカル（Bhimrao Ramji Ambedkar, 一八九一～一九五六年）は、中部インドの不可触民の家庭に生まれた。彼の父はインド軍の少佐であった。一四人兄弟の末っ子であったアンベードカルは、バローダ藩王が彼の才能を見出して教育を支援したため異例の転機を迎えたが、支援の条件は、留学後に藩王国に仕えることであった。実際に彼は藩王国に仕えるようになったが、同僚から差別を受けて辞職した。この経験によって、開明的な君主のみでは社会制度に太刀打ちできないことが明らかになった。その後、彼はロンドンで法学の学位を取得し、一九二三年にインドに戻った。その後二〇年間、彼は低位カースト集団を動員して平等を求める運動を展開した。彼は、民族運動の指導者たちから、不可触民はヒンドゥー教の外にある集団であり、分離選挙区〔留保議席〕を必要としている、という公式の承認をもぎとった。現在、彼はこの功績でよく知られている。ただ世間的には、カースト制度について研究した最初の近代的学者というもう一つの顔はいまやあまり注目されなくなっている。現代のカーストを扱う多くの人類学者は、彼のカーストにかんする理解を採用していない。しかし、彼のカースト理解はヒンドゥー教の神聖さの概念に異議を申し立てるものであり、ゆえに彼は集団を動員し、神聖視された溜池から水を汲み出したのである。[22]

西インドは運動の中心地であった。南インドでは、地方政治における非バラモン運動（non-Brahmin movement）がその大義を担っていたが、あまり目立たなかった。[23] 北インドでは、カーストの違いゆえに〔資源の〕共有にまつわる規則が定められていたが、水はそれほど稀少な資源ではなかった。ヒンドゥー教改革者がこの規則に異議を唱えた時に対立が生じた。[24] 地方や藩王国の立法機関は事件と裁判所の判決を意識し、歩調を合わせようとした。バローダ藩王国では、カースト差別を行う組織から政府資金を剝奪する法案が通った。

上位カーストのヒンドゥー教徒は法廷や政治の舞台では後退したものの、農村における彼らの反発は激しかった。

＊

公共の溜池に強引に入った者が殴打されたという報告が多数みられた。ガーンディーはグジャラート沿岸部で発生したそのような事件のいくつかに対処していた。[25] 英領インド全域では、数名の県行政官が広大な土地と多数の人口を管理していた。彼らは、法律が被抑圧カーストの側に立ちはじめたとはいえ、被抑圧カースト自身が分裂し、水をめぐって互いに差別しあっていたため、トップダウン式の命令は交渉ほど効果がないことを理解していた。

一九三四年のアフマドナガル県では、治安判事が井戸をめぐるカースト間の争いを、上位カーストと被抑圧カーストの両方に井戸を割り当てることで調停したが、彼がその場を去るとすぐに暴力事件が発生した。今回は被抑圧カーストの間で暴力事件が起こったのである。[26] 一九三五年にマイソールの村ですべての人に溜池が開放された時にも同様の衝突が生じた。[27] 同じ年には〔西インドの〕ナーシク（Nashik）で、水へのアクセスの確保に対する政府の無策に抗議する行進を、ヒンドゥー教徒の暴徒が襲撃した。行政は暴徒に対処する術をほとんどもっていなかった。[28] 一九三八年、〔北インドの〕ビジュノール（Bijnor）で水へのアクセスをめぐって暴動が起こり、死者も出た。[29] 上位カーストの活動家にとって、警察による介入の脅威があったため、自ら振るう暴力はリスクであった。しかし、社会的ボイコットにはリスクがなく、井戸へのアクセスを妨げるために多くの場面で使われた。このような戦術の犠牲者の一人は、ラクシュミー・バーイーである。彼女は、〔中部インドの〕ナーグプル（Nagpur）の村出身の勇敢な女性で、脅迫にも屈することなく村の井戸の使用を主張し、社会的ボイコットに立ち向かった。[30]

一九一九年まで、水への平等なアクセスを求める運動は政治問題の本流ではなかった。しかし、次に示すように、その後の地方分権化のプロセスを経て、この運動はより重要な政治問題になった。

＊

一九一九年、地方議会が設立された。一九二三年、ボンベイ立法参事会（Bombay Legislative Council）は、すべてのカーストが井戸や貯水池への平等なアクセスをもたないかぎり、井戸や貯水池を含む土地に対する政府助成金は利用できない、という決議案を採択した。その後、政府の所有地にある溜池に人びとの集団が強引に押しかける出来事が相次いで起こった。

マハードの運動や他の多くの運動はあっという間に失敗したが、地方政府に行動を求める圧力は強まった。ボンベイ政府は資金不足に陥っていたが、県あるいは地方の委員会が建設した水道設備や井戸は、「すべてのカーストや階級が平等に利用できるものでなければ」助成金を受けることができないと規定した[31]。この告示の影響は限定的であった。マハードの運動から数年後、マハーラーシュトラの被抑圧カーストにかんする報告書のなかで、社会学者のM・G・バガットは次のように見解を述べた。「政府は時々、すべての公共の井戸をすべての人びとに開放するよう命じたこともあったが、可触民（ママ）と不可触民に使用されている共同井戸を見た試しがない[32]」。

水へのアクセスについて、さらにデータが集められた。ボンベイ後進階級局（Bombay Backward Class Department）〔後進（諸）階級とは、不可触民よりは上位だが、バラモンなどの上位カーストよりも後進的と位置づけられた階級。ムスリムも含まれる（長崎ほか二〇一一、四二八）〕は、その最初の年次報告書（一九三二〜三三年）のなかで、被抑圧カーストの公共財（public goods）へのアクセスを概観した。その報告書の指摘によれば、村において水への自由なアクセスは県委員会の態度に依存していた。これらの委員会は、しばしば地主によって支配されていた。だが、町や都市では、富裕層は地主カーストではなかった。

法律は友人であったが、信頼できる友人ではなかった。運動はカーストによる公共財へのアクセス制限の撤廃をさらに進め、法律はそれを助けた。しかし、常にそうだったわけではない。コミュニティが歴史的な使用権を主張できる水域の場合、法律は他者を排除した。一九三三年、ボンベイ北郊の新興地域において、キリスト教徒および彼らに雇われているヒンドゥー教徒が使用している井戸に、被抑圧カーストがアクセスするための運動が、公的な論争へと発展した。ヴィレ・パルレ（Vile Parle）のカトリック司祭は、被抑圧カーストの側に立った。治安判事も同様だった。法的な問題は複雑になった。なぜならば、井戸はそもそも私有財産であったことを示す文書があったからである。自治体はアクセスを求める運動家に対して（有料で）水道を利用可能にし、自治体のメンバーはその地域に別の井戸を建設することを提案した。[33]

では、これらの運動は何を達成したのだろうか。

*

二つの判決——一九一四年のモチーの判決と一九三一年のマハードの判決——の間に、判例法は重要な原則を確立した。すなわち、公共団体（一九一四年の事例では寺院）に属するものは公共財である、というものだ。これらの事件はともに、平等を求める闘いを政治上の論点にすることに成功した。戦間期には選出された議会が地方政治を担うようになり、水をめぐる平等は無視できなくなった。歴史家アヌパマー・ラーオは、マハードについて、「一九二七年の出来事は、ダリトの政治における重要な転換点となり、都市を中心とする地域結社が結成されはじめた」と書いている。[34] ラーオによれば、不可触民から政治的主体としてのダリト（文字通り「抑圧された」の意味）に変わる過程が始まっていたのである。マハードの判決の翌年、ガーンディーの全インド反不可触民制連盟（All India Anti-untouchability League）が結成された。アンベードカルは平等にかんする議論で重要な位置を占めるようになった。それは特に、ガーンディーの反対にもかかわらず、彼が選挙におけるカースト留保議席の実現に一役買ったからである。

水について、運動は何を達成したのだろうか。運動は都市部で成功したが、農村ではたまにしか成功しなかった。一九三二年一一月、ボンベイで開かれた平等にかんする会議の参加者は、「都市部では……人びとの精神に著しい変化がみられた」が、「恐怖や……抑圧」がなお蔓延している農村ではまだそのような変化はみられなかった、と述べている。[35] この違いの根底には、都市部では水がより容易に入手でき、水道によって私的権利の優位性が低下したことがあげられる。それとは対照的に、農村では水は乏しく、公共事業は私的権利の優位性を終わらせるほど十分に進んでいなかった。

最後に、この運動は、法、メディア、公的機関、そして都市空間などさまざまな手段を活用する必要があることを示した。運動の政治的な拠点が置かれた都市部は、より多くの水があり、メディアの存在もより大きかったため、〔被抑圧カーストにとって〕より包摂的な空間であった。このような都市はまた、より大量の水を供給するシステムも整備していた。

一九世紀後半まで、都市の水供給にかんする技術的・制度的仕組みは、農村とかなり似ていた。水は池、湖、そして井戸から供給された。一八七二年のプネー（Pune）にかんする報告は、「貧しい低位カーストの人びとは……〔上位〕カーストのある人が、お金と引き換えに、あるいはチャリティで彼らに少量の水を与えるまで、井戸から少し離れたところで待たなければならない。都市には、〔上位〕カーストの人びと以外が利用できる井戸は非常に少なく、またほとんどの井戸は枯れていた」と述べている。[36]「お金と引き換えに（for money）」という言及は、水不足の時に水の市場が出現した、という興味深い可能性を示唆している。すべての市場は貧しい人びとを排除する傾向にあるが、市場はカーストの区別を克服することができた。暑い季節のボンベイ市では、「給水車が町を巡り、あちこちでわずかな水を配給していた」。水の販売は、この都市の上位カーストの人びとのニーズを満たさなかった。彼らにとってより好ましい選択肢は、資金があれば井戸を所有することであった。[37]

マドラスにおいても状況は変わらなかった。実際、共有の供給源に水を依存している場所であれば、どこであっても同様の状況がみられた。一九二〇年代の調査によれば、不可触民差別はこの都市で最も残酷かつ屈辱的な形で行われていた。被抑圧カースト出身者の多くは、「公共の井戸、飲料用水の池、学校にアクセスできなかった」。公費で作られたこれらの公共財は、すべての人びとに開放されることを意図していた。「しかし、最近政府が立法参事会で認めたように、公的機関においても非常に深刻な差別がみられた[38]」。

それでも、都市における機会へのアクセスは全体的に改善された。先述の一九三二年の会議ではその点が確認された。都市は被抑圧カーストにとってより包摂的な空間となった。それは、公的資金で運営される自治体があったためである。人びとは水道の水を買い、多くの人を動員し、さまざまな方法でアクセスを求め、教会や政治団体のような機関から支援を受けることができた。小さな町では、地方行政は、「自治体はすべての溜池と公共の井戸を〔低位カーストから〕保護するための措置を講じるべきである」という原則にもとづいて活動していた。「それは確かに彼らの最も重要な義務の一つである。低位カーストの人びとのためには常に別の水供給が用意されるべきだ[39]」。しかし、こうした障壁は弱められることもあった。大きな鉄道駅では、見知らぬ人の集合のなかでカーストや階層を維持することは不可能であった。その上、鉄道はかなり多くの被抑圧カーストの人びとを雇用していた。「大インド半島鉄道当局は、被抑圧階級の人びとが井戸の使用を禁止されたり、茶屋や食べ物の屋台の持ち主から飲食を拒否されたりしないよう、関係職員に特別な指示を出した[40]」。

村ではこれらの条件が欠けていたため、水へのアクセスはさらに長期にわたって不平等なままであり、アクセスを求める運動は、「被抑圧階級の既存の権利を著しく毀損するほどの」暴力的な反発に直面した[41]。

＊

一九四七年にイギリスの統治から独立した後、この民主国家は〔被抑圧カーストをめぐる状況を〕改善することを決意した。その最初の行動の一つは、不可触民制にかんする議会委員会の創設であった。その報告は、一九五五年の不可触民（犯罪）法（Untouchability〈Offences〉Act）へと結実したが、繰り返し水に言及し、宗教的理由によるアクセスの拒否を犯罪行為とするよう推奨した。

多くの州では、周期的な乾燥とカーストにもとづく不平等が深刻で、州政府は農村やコミュニティの発展のために、低位カーストの人びと向けの井戸建設に予算の一部を費やした。一九七〇年代に〔州政府が〕農村のインフラ整備へ大きく舵を切った後、水道は農村まで拡張された。ボンベイ州とマドラス州の政治家は、水へのアクセスの開放を強調した。植民地時代には、理屈としては、役人は被抑圧カーストが使用するために、あるいは彼らが住む場所に井戸を掘るよう提案することができた。独立後には、村議会、すなわちパンチャーヤット（panchayat）がこの慣行を続けた。ボンベイ州のパンチャーヤットにかんする調査では、プネー付近でパンチャーヤットがバラモンと非バラモンに井戸を割り当てていたことが観察された。(42)

この戦略は、ある程度まではうまくいった。井戸の分離は理想的ではなかった。それは「不可触民制を永続させる」ことになったが、理想としては「できるだけ速やかに（それを廃止する）」べきであった。(43)適切な対応策は、すべてのカーストを説得して、誰もが共通の水源に対する権利をもつことを受け入れさせることであった。役人も政治家も、そのような変革を迅速に実行する術をもっていなかった。したがって、投資が水供給に向かうようになっても、差別は続いていたのである。

マドラス州では、村に暮らす被抑圧カーストの水へのアクセス改善はいくつかの部門（灌漑部門、公共事業部門、ハリジャン地位向上〈Harijan Uplift〉部門）が担当していたが、それらの部門は連携していなかった。共通の水源への依存が続いている限り、どこであっても差別は続いた。一九四七年、マドラス州の半数以上の自治体には、町当局が運営している「保護された」給水計画があった。「農村の給水と衛生にかんする状況は非常に悲惨である。村人とその不可欠なニーズはひどく無視されており、安全な飲料水は彼らにとって稀少なものだった。ハリジャンと彼らのチェリー〔マドラスにおけるスラムの呼称〕は、この点で最も被害を受けている」[44]。

全国的なコミュニティ開発計画が開始して四半世紀が経過したのち、ほとんどの村には被抑圧カーストが使用するための井戸が設置された。多くの村には一つしか設置されなかった。被抑圧カーストは上位カーストが通常用いる井戸へ平等にアクセスすることはできなかった。だが、深刻な水不足の状況では、上位カーストが他の人びとの井戸から水を汲んでいた[45]。一九七〇年代の調査によれば、カルナータカ州の農村地域における低位カーストの半数以上が公共の井戸や溜池を使用できなかった。その割合は、都市部ではるかに小さく、一五％だった[46]。

一九九〇年代になっても、同様のレベルの差別が他の州からも報告されていた[47]。二一世紀最初の一〇年間では、ある推定によれば、被抑圧カースト世帯の女性は家族のため、毎日三時間を水汲みに費やしていた[48]。一九九〇年代の調査では、ほとんどの生活領域でカースト感情が弱まっていた一方、水不足がその感情を悪化させたことが明らかになった。「平時では不可触民差別を経験することはないが、水が不足している時には、（被抑圧カースト）は上位カーストの場所から水を汲むうえで困難や差別に直面する」[49]。水をめぐる競争が激しくなると、他者を排除しようとする試みが頻繁に起こり、そのような動きに対する抵抗や反発も同様に発生した。二〇一七年に刊行された書籍には、「とくに過去三〇年間、ダリトの水にかんする主張は勢いを増している」と書かれている[50]。差別は消えていなかったのだ[51]。

だが、この運動は持続的かつ重大な成果をあげた。浄性という道徳規則に終止符を打ったのだ。現在の状況は、アンベードカルが変えようとした世界とは異なっている。二〇世紀末には、儀礼的な浄性の適用は寺院へのアクセスといった分野に限られ、水には適用されなくなった[52]。

＊

ダリトの政治運動にかんするほとんどの著作は、水へのアクセスを求める活動について、その政治運動が取り組んだ多くの争点の一つとして付随的にふれるのみである。水をめぐる平等な権利を求める闘いを、一般的な意味での平等な権利を求める運動の一つと考えるのは誤りだ。それは、水をめぐる闘争だったのだ。その闘争は特定の環境で意味をもった。デカンで最も乾燥した地域のいくつかにおいて、近年の飢饉の経験とともに、正統派ヒンドゥー教に対抗する最も有力な政治運動が生じたのは偶然ではなかった。多くの人びとが水の飢饉の脅威にさらされる自然環境は、このような闘争を生じさせる肥沃な土壌であった。同時に、こうした地域に近いボンベイとプネーの二都市では、権利が議論の的となったり法廷で争われたりしたほか、伝統が支持されたり疑問視されたりもした。カーストや不可触民制が植民地時代に創り出されたものなのか否かはともかく、これらの力に対抗する手段は植民地時代に創られた。それは、裁判所、マスメディア、英字出版物および立法機関であった。

水への平等なアクセスを求める運動は何を達成したのだろうか。ここまでで引用した諸研究が示すように、水へのアクセスにおける真の平等があらゆる場所で実現したわけではなかった。上位カーストの抵抗があった。州当局は抵抗に正面から対峙することを避けた。水源や井戸が国有化されることはなかった。したがって、水へのアクセスにおける平等を求める闘いは、長期戦になった。この運動が達成したのは、差別の宗教的根拠を破壊したことだった。闘いの武器は多岐にわたり、被抑圧カースト運動を政治の本流に統合することから、運動を展開するうえで出版物を利用して水が公共財であると主張するに至るまでさまざまであった。

第4章では、第三のステップを取り上げよう。

第4章　公共財への道

地中深くにある水は、パブリック・トラストの原則が適用されるという意味で州に帰属する。土地の所有者は使用権を有するのみであり、他者の権利に影響が及ぶいかなる行為や行動も行うことはできない。

――インド最高裁判所、二〇〇四年

最高裁判所の判決は、断固とした口調だ。見識ある裁判官のおかげで、大きな問題が解決されたと思わせてくれる。だが、そのような解釈は性急だろう。（追って詳述するが）このような判決の背景には、（表流水も地下水も）すべての水源がモンスーンに依存しているという地理的条件がある。使用量の増加と公平な分配を図る際には、モンスーンの時期におけるコモンズの涵養能力を考慮する必要がある。そのバランスが脅かされる場合、国家が介入すべきである。ここまではよい。しかし、植民地時代後期に始まったこのルールを主張することは、容易ではなかった。季節によって現れたり消えたりする水の流れについてはどうだろうか。一時的な資産に対する権利はどのようにしたら主張できるのだろうか。地方政治は、貧しい農民と富裕な都市住民の両方が関心をもつ地下水の私的権利を保護している。だが、未知の特徴をもつ帯水層に対する権利は、そもそも行使できるのだろうか。

水の使用権が私的なものから公的なものへと変化する道のりには紆余曲折があり、まだ終わっていない。過去一五〇年間では、リサイクル（recycling）、貯水（impounding）、採水（extraction）といった三つのパラダイムの変遷をたどってきた。リサイクル・モデル（およそ一八八〇〜一九三〇年）では、用水路を建設し、水道を通じて処理水を都市へ供給することに重点が置かれた（第5章）。これらの取り組みは特定の環境で成功を収めたが、どこでも成功したわけではなかった。貯水モデル（一九三〇〜八〇年）では、とりわけ飢饉の歴史をもつ乾燥地域において、河川流域におけるプロジェクトが重視された。雨水を供給源とする河川に建設された大きなダムは、維持費がかさみ、不平等を生み出し、環境に負荷を与える径路となった。採水モデル（一九八〇年以降）では、掘削井戸が支配的である。水が豊かな地域では、井戸は昔からよく見られた。水不足の地域では、一九八〇年代以降にその役割が大きくなった。このような変遷とともに、給水設備のガヴァナンスは、民間から国家やコミュニティへと移り、そして再び民間へと戻った。だが、最後の局面では、すべての共有水源を管理者（custodian〔後述〕）に引き渡す機運が高まった。

第3章では、社会改革家や活動家によって始められたある種の闘争について論じた。その運動は、使用の平等を目指したものだった。本章では、水源を保護するうえでの法や国家の主体性《エージェンシー》を論じる。ここでは主にリサイクル・モデルと貯水モデルを取り上げよう。

表流水の集水域は、法的、政治的、また技術的介入が最も大規模に行われた領域であった。なぜそのようなことが起こったのだろうか。

＊

現地の慣行とは異なり、インドのイギリス人支配者は、自然資源に対する財産権を、使用者の権利——すなわち用益権（他者が有する財産の使用を享受する権利）——ではなく所有権として定義した。この概念は、水よりも土地に適用しやすかった。ほとんどの水域、たとえば、水路や湖、河川などは、共有資源であった。それらは使用権の管理者を必要とした。では、誰が管理者になるべきだったのか。農村のコミュニティは適切な管理者ではなかった。これらのコミュニティは不平等で分断されていたため、彼らに資源の管理を委ねると、多くの人びとの権利を奪うことになった。カースト制度の重荷を背負った社会では、国家は——たとえ植民地国家であろうと——地方コミュニティよりも公平な主体であったが、国家による規制はすべての不平等を取り除くわけではなく、時には新しい不平等を作り出すこともあった。より根本的には法律が、水を公共財として認め、それに対するアクセスは排他的であってはならない、と規定する必要があった。

その考えが通用する可能性があったのは表流水のみで、地下水は別問題だった。居住地内に位置する井戸は私有財産であった。地中深くには帯水層があったが、それを所有する者はいなかった。誰もはっきりとしたことがわからない資源の管理者になりうる者はいなかった。実際、一世紀以上にわたって、国家と法は井戸に対して何も行ってこなかった。二〇世紀後半以降の緑の革命（green revolution）と急速な都市化は、この不作為を巧みに利用した。第6章で示すように、地下水の枯渇はその後、地下水を私有の領域から引き離し、管理者に引き渡すための闘争を生み出した。悲観的になるにはまだ早いが、この運動は今のところうまくいっていない。

過去を振り返ると、河川と湖は長い間、国家が管理する貯水の主要な実験場であった。一七六五〜一八五七年にかけて、拡大してゆくインドの領土を支配した東インド会社の職員は、その実験を新たなレベルに引き上げた。

＊

初期の実験には明確な特徴があった。東インド会社はしばしばムガル帝国やマラーター勢力の正統な後継者として自らの姿をイメージしていた。会社は、どのような点でインド式の統治を行っているのか示す必要があった。そしてそのために、水が国家の優先事項であると宣言していた。このような手段を講じることで、国家は単に福祉のみを提供していたわけではなかった。小農は主要な納税者であったため、国家は水に投資することで税収の増加を期待した。過去のインドの諸政権が用水路、井戸、ダム、導水路（aqueducts）のネットワークを残していたので、後継という考えは有効だった。ただし、この新しい国家〔東インド会社〕が出現した時には、その多くは荒廃していた。新国家の技術者たちは、これらのプロジェクトの規模を拡大し、同様の路線に沿ってさらに建設を進めた。後ほど述べるチャールズ・ジョージ・ディクソンのように、インドの伝統から離れて取り組む者もいた。しかし、それでもなお彼らは現地の知識や資源にこだわっていた。この会社国家は、強力な軍事機構のおかげでより大きな財力を手にしていたため、そのような計画をかつてより大規模に追求することができた。だが、その財力は伝統的なインド式の土木技術に費やされたのであった。

一八五七年のインド大反乱の後、その状況は大きく異なる三つの推進力のもとで変化した。その一つは、灌漑管理の「官僚化」、すなわち、それ以前よりもはるかに大規模なシステム建設・維持が可能で、また何千もの農民から水税を徴収することができる行政インフラの拡充である。二つ目の力は、ヨーロッパの工学知識のインドへの適用であった。新たな知識には、沈泥《シルト》の制御、流域の管理、ダムの建設などが含まれ、過去のインドの諸政権が水理学にもとづいて実践した時よりもはるかに大規模に展開された(1)。三つ目の力は一九〇〇年以後に形成され、この時期にはインド人にとって土木工学が専門職となり、この科目はインドの大学で教えられるようになった。この移行にともない、水資源管理計画は国家の発展という理念と結びつくようになった(2)。このリストには、都市を扱う第5章で取り上げる第四の力が加わる。すなわち、都市プロジェクトに資金を提供する自治体や町の行政である。これらは官僚機構ではなく、裕福な住民たちによって選出されたものであった。商人はこれらの組織を形成し、その運営に影響を与えた。

植民地時代において、表流水にかんするプロジェクトは小規模かつ現地の流儀により始まった。多くの例があり、そのうち二つは事業の性格をよく示している。一つ目の例はプネーである。この町は、一八一八年にイギリスに占領された後、大きな駐屯部隊の拠点となった。半島の乾燥地域に位置していたため、この町で水の供給は不安定で、人口が増えるにつれて水不足に陥った。一八五八年、この町は四万人の人口を擁していた。軍事技術者は水の供給を改善するための計画を提案した。その大部分は、マラーターの支配者から継承した導水路の復活を必要としていた。これらのプロジェクトには、ジェイコブ大尉、グラハム大尉とキルナー大尉、そして二人のパールシー商人ヴィカジー・ミールジー（Vickajee Meerjee）とジャムシェトジー（Jamsetji）といった名士が関与していたが、プロジェクトのすべてが実現したわけではなかった。しかし、プロジェクトの関連文書は、現地のシステムにかんして大量のデータを明らかにした[3]。

二つ目の例は、プネーよりもさらに乾燥している上、大規模な水の制御にまつわる特段の歴史をもたない地域で発生した。一八三六年、ベンガル砲兵隊（Bengal Artillery）の中佐であったチャールズ・ジョージ・ディクソン（Charles George Dixon, 一八五七年没）は、マラーター戦争が終わると、イギリスの支配下に置かれた西インドのアジメール・メールワーラー州（Ajmer-Merwara）の責任者（superintendent）に任命された。ディクソンの前任者たちは反乱軍に対処しなければならなかった。しかし、ディクソンは平時に統治を担い、在任期間も長かったため、人口と歳入を増加させるために土地の改良法を検討することができた。この地域は巨大なタール砂漠に隣接しており、インドで最も乾燥した居住地の一つであった。一八三二年の飢饉と移住の記憶がまだ鮮明ななかで、彼は一つの改良プログラムを決定した。その最初の段階は、政府の資金で井戸を掘ることであった。だが、すべての地帯に十分な地下水があるわけではなかった。プログラムの次の段階では、モンスーンの雨水を人造湖で捕捉する、現在では流域管理（watershed management）と呼ばれる活動が必要とされた。ディクソンが亡くなった時、この改良プログラムは成功していた。灌漑面積はおよそ倍増しており、彼がこの事業に着手した時よりもはるかに多くの人口を支えることができるようになっていた。[4]

彼の死から数十年後、技術者は南アジアの人造湖を研究して、どの程度の水深であれば厳しい蒸発に耐えられるのか、その深さは既存の道具や労働力で持続可能かどうかを示す公式を見つけ出そうとした。彼らは、過去の諸政権から東インド会社が継承した湖を調査し、新たな実験用の湖を求めてロビー活動を行った。[5]南インドのデルタ地帯にダムを建設する運動を主導したアーサー・コットン（Arthur Cotton, 一八〇三～九九年）は、熱心な活動家の一人だった。ボンベイのヘンリー・コニビアも同様で、彼は市に水を供給するための貯水地を建設した。これらの技術者は雄弁な集団で、ディクソンをパイオニアとみなす水の宣教師であった。

アーサー・コットンは、現地の流儀にしたがった思考から、大規模な生態学的地域スケールの思考への移行を象徴していた。マドラス政府に仕える技術者であったコットンは、小規模なところから始め、タンジョール・トリチノポリ両県のカーヴェリー河とコレルーン河（the Coleroon River）で古いダム兼用水路ネットワークを復活させた。このプロジェクトでは、低いダムを建設して水を貯め、流れの向きを変えることが含まれていた。これが税収を増やすことに成功すると、彼は当局を説得して、ゴーダーヴァリー河（一八四七～五二年）とクリシュナー河の河口でも同様の事業を行わせた。これら後発の事業は、他の人びとによって完成させられたものもあり、多くの点で状況を大きく変えた。

これらの事業は大規模で、カーヴェリー河とコレルーン河での事業よりもはるかに大きかった。そしてこれらは、過去の基礎の上に築かれたものではなかった。そのため、資本コストは高く、利益は低かった。それから、これらの事業は先行する歴史をもたなかったため、農村に対して革命的なインパクトを与えたのである。用水路は、商品交易、採算のとれる水集約型作物への多様化、そして油、コメ、タバコ、砂糖工場のような小規模産業を刺激した。これらの活動は、ヴィジャヤワーダ（Vijayawada）、エルール（Eluru）、ラージャムンドリー（Rajahmundry）、カキナダ（Kakinada）、ヴィジャーガパタム（ヴィシャーカパトナム）（Vozagapatam / Visakhapatnam）といった小さな町に集中し、これらの町は大きく成長していった。インドのタバコの大半は、近隣のグントゥール県で栽培されていた。一八三三年のグントゥール飢饉で荒廃した［クリシュナー河とゴーダーヴァリー河の］二つのデルタ地帯は、一八六〇年以降の緑の革命を主導した［ここでは「緑の革命」という表現で、用水路を活用した農業発展がデルタ地帯でみられるようになった状況を指しており、一九六〇年代以降の農業発展を意味しない］。

三つ目の地域は現在のウッタル・プラデーシュ州西部とハリヤーナー州であり、一九世紀に用水路ネットワークが出現した。そのネットワークは、インド・イスラーム諸国家――一三世紀から、東インド会社が統治を開始する一八世紀後半まで同地域を支配していた――が作った水路のなかで、使われなくなっていたものを一部利用した。これらの用水路ネットワークは、軍将校プロビー・コートリー（Proby Cautley, 一八〇二～七一年）が温めてきたプロジェクトであった。軍人というよりも技術者（かつ古生物学者）であったコートリーは、ガンジス河とヤムナー河から数百マイルの水路を引き込み、一部を復活させる計画を立てた。当初、政府からの支援はほとんどなかった。ゆえに、土木工事はより困難になった。コートリーと彼のチームは、数千ものレンガ職人とやりとりすることを含むさまざまな仕事に取り組み、プロジェクトを細部まで管理した。このプロジェクトは一八五四年に終わり、そこに行き着くまでに一八年が経過していた。最終的に、灌漑ロビー団体は二つに分かれ、一方はコートリーを支持し、もう一方はコットンに率いられたものだった。コットンは、ガンジス河・ヤムナー河のプロジェクトには欠陥があると考えていた。

＊

パンジャーブでは、用水路を用いた灌漑法がはるかに野心的な規模で効果を発揮した。一八五〇年以前、パンジャーブは広大なサヴァンナを含む乾燥地域であり、牧畜が行われていたものの、耕作はほとんど行われていなかった。モンスーンの雨は地域の西部に行くほど少なくなり、集約農業は河川の近くや井戸から水を得られる狭い土地でのみ可能だった。しかし、この地域には、ヒマラヤ山脈で形成された大規模な周年河川があった。イギリス統治以前のパンジャーブで最も成功した支配者ランジート・シング（Ranjit Singh）は、これらの河川の潜在的価値を理解し、その水を利用した用水路を建設した。彼の治世以前、パンジャーブの農村人口は河川沿いの低地平野に暮らしていた。これらの地域では井戸灌漑（well irrigation）、あるいは十分な降雨がみられた。だが、地域の大半はあまりにも乾燥していて農業には不向きだった。ランジート・シングは、河川から取水する灌漑用水路をいくつか建設（場合によっては復活）させた[6]。これらの用水路は季節的に運用されたうえ、すでに井戸灌漑が行われていた河川周辺の地域にも水を供給した。

パンジャーブが英領インドに併合された時（一八四六～四九年）、用水路のアイデアはすでに存在しており、膨大な数の解散兵士に雇用を与えるため、より広い地域で灌漑を発展させることが政治的に必要不可欠となった[7]。しかし、そのアイデアをかつて建造されたものよりもはるかに広い地域に役立つプロジェクトへと変えるためには、あるものが必要だった。湖の場合と同様、その欠けていたものとは、用水路――すなわち人造河川――が厳しい蒸発に直面しても持続可能であることを技術者に保証してくれる、科学的データであった。

一八四〇年代、土木事業は軍隊の業務の一つだった。一八四八～四九年、軍事行動中にパンジャーブに駐留していた軍将校と技術者の一団は、用水路ネットワークの建設が可能であることをみてとった。〔第二次〕シク戦争最後の大会戦だったチリアンワーラー（Chilianwala）の戦いが終わった時、リチャード・ベアード・スミス中尉（Lieutenant Richard Baird Smith, 一八一八～六一年）は、パンジャーブをイギリスの商業のために「開放し」、地方の歳入を倍増させる旨をうたうパンフレットを執筆した。用水路は一石二鳥の解決策になっただろう。スコットランド人の軍将校であったベアード・スミスは、一八三六年からマドラスで死去するまでインドで暮らした。彼は、シク戦争とインド大反乱という二つの大きな戦争において重要な役割を果たした。だが、これらの戦争以上に、一八四一～四三年にかけてプロビー・コートリーとともにガンジス・ヤムナー用水路を建設したことが、彼の精神力をかなり消耗させていた。その経験を踏まえ、［パンフレットの］報告は、河川の流れを制御して再度流路を変更することの実現可能性について正確に述べていた。

一八七〇～一九二〇年の間、技術者は、パンジャーブを流れる五つの河川の水を活用して用水路を建設した。これらの用水路は、河川に挟まれた土地——それまでは牧畜が行われていた——を農耕地へと変えた。この灌漑プロジェクトから九つの「用水路入植地（canal colonies）」が出現した。このプロジェクトでは、二〇〇万ヘクタールの土地に水が供給された。最初の入植地はシドナーイー（Sidhnai）で、最後はニーリー・バール（Nili Bar）だった。最大のものはチェナーブ河下流域（Lower Chenab）——八〇万ヘクタール——、バーリー・ドーアーブ下流（Bari Doab）とニーリー・バール——それぞれ四〇万ヘクタール——であった。ヒマラヤ山脈から流れる河川からパンジャーブに引き込んだ用水路の長さが二七〇〇マイルから一万七〇〇〇マイル以上へと延びたおかげで、可耕地は二万七〇〇〇平方マイルから四万平方マイルに増えた。

用水路は、伝統的な儀礼的不平等を弱めることになった。用水路の受益者のほとんどは、ヒンドゥー教社会の上位カースト出身者ではなかった。だが、用水路は別の種類の不平等を拡げた。用水路の水へのアクセスは資産であった。用水路にアクセスできる農民は、同じ土地面積があっても用水路にアクセスできない者と比べて裕福であった。経済的不平等への対応策は、さらに用水路を建設することだった。第一次世界大戦後、国家はさらに建設を進める能力を喪失していた。破綻に瀕した帝国は、建設推進を維持する気力を失っていたのだ。しかし、一九四七年の独立後、用水路は、新しい国家の経済発展の道具として新たな推進力を得た。

＊

一九四七年以降、政府は用水路の建設に大規模な投資を行った。用水路システム拡大の直接的なきっかけはパンジャーブ分割で、これにより同地方の一部はパキスタンに、他の部分はインドに併合された。パンジャーブの用水路は見事なシステムであったが、一九四〇年までには、その間に新たに開発された四〇〇万ヘクタールに及ぶ灌漑用地の需要を満たせなくなっていた。ヒマラヤ山脈から流れる河川は一年中水を運んでいた。しかし、冬になると水位が低下して、用水路システムに水を十分に供給できなくなった。「夏には大量の水が無駄になるが、冬には十分に行き渡っていない(8)」。用水路は冬のみ管理されたが、その効果は限定的だった。パンジャーブの農民たちは、可能な場合は借金をしてでも井戸を掘った。それでも、インドとパキスタンの分離独立の時点で、用水路入植地における水の需要はシステムの供給能力を超えていた。

インド分割は、さらに厄介な問題を引き起こした。パンジャーブの五つの河川について、その水源はいずれもインドにあったのに対して、うち四つの河川流域は主にパキスタン領に属していた。農民の再定住は急を要する課題であったため、両国ともシステムの供給能力を拡大することに尽力した。インドは、一九一九年に初めて提案されたバクラ・ダム・プロジェクト（Bhakra Dam）を実行し、サトルジ河（Satlej）をせき止め、シルヒンド用水路（Sirhind Canal）をより広範囲に拡張した。パキスタンは、カシミールを含む上流の渓谷に貯水池を作ることに熱心だった。

この初期の躍進の後、南インドと東インドの高地を流れる河川への大規模な投資が続いた。いかなる方法であれ貧困をなくそうという決意は、開発のアジェンダにおいて、「技術と経済成長の一次的効果を最優先事項として位置づけ」たために、[9] 灌漑プロジェクトの潜在的コストを見落とすことになった。一九七〇年代の緑の革命は、用水路へのさらなる投資を支持した。一九九〇年までには、インドの河川に二千基以上のダムが建設されていた。これらのほとんどはデカン地方にあった。この地域では、全体的に水が少なかったが、その地形ゆえに、平坦なインダス河・ガンジス河流域よりも容易に貯水が可能であった。

用水路には、カーストにもとづく不平等を弱める効果があった。しかし、他の形態の貯水を通じて平等を実現するには法整備が必要であった。

*

用水路はある意味、井戸よりも平等に利用できる資源であった。飲用水へのアクセスの場合と比べたとき、灌漑用水へのアクセスにおいてカーストはそれほど重要な要素ではなく、その重要性も独立後はさらに低下した。ロイド・I・ルドルフとスザンヌ・ホーバー・ルドルフは、土地改革（一九五〇年代）と緑の革命（一九七〇年代と八〇年代）における小規模農家の受益者を「耕牛資本家（bullock capitalists）」と呼んだ。ほとんどの耕牛資本家は儀礼的身分が低かった。「耕牛資本家の政治的成熟は……北部のヒンディー・ハートランド諸州〔ヒンディー・ベルトのこと〕やグジャラートにおけるいわゆる後進諸階級運動の第一波、および南部と西部諸州でみられた第二波によって強化された」[10]。植民地官僚が記録した階層構造では、これらのカーストは「不可触民」より上位に位置したが、いわゆる上位カーストよりも下であった。この集団に力を与える農業構造の変容の過程は、カーストにもとづく水へのアクセスを縮小させることに寄与した。

水へのアクセスの民主化とともに、法は水を公共財として認めた。英領インドの法は、コモンズにかんする権利についてあいまいだった。〔イギリスによる〕統治は、私有財産について過去の体制と異なる定義を与えた。そこでは、私有財産は、財産の使用権ではなく、所有権として定義された。コモンズへのアクセスは、所有権ではなく、使用のルールを定めることを必要としたが、それは中途半端になっていた。この矛盾からさまざまな帰結が生まれてきた。小農は村のコモンズを横領することがあった[11]。より多かったのは、資源を使用する遊牧民、牧畜民、森林に依存した人びとと、資源を所有する小農、農園主や地主との間で鋭い対立が生じることであった。

この矛盾は水をめぐる問題にも存在していた。英領インドの法では、地下水にかんする権利は井戸や池が存在する土地の所有者のものとされた。河川の水は、特定の空間に固定されていなかった。主に一八八二年の地役権法（Indian Easements Act）を通じて、法は表流水に対する私有および共有の権利を認めた。しかし、地役権は、一時的な表流水に対する権利を確定させる解決策にはならず、しばしば解決よりも多くの問題を引き起こした。

地役権は、自分の財産を「有益に享受」できるようにするため、他人の財産にアクセスする権利のことである。たとえば、農地を分割して、一方の部分に井戸があったとしよう。この場合、もう一方の部分の所有者は、井戸が存在する土地の所有権がなくても、その井戸へのアクセスを主張することができる。地役権はまた、ある人の財産の使用法が隣人にとって問題を引き起こす場合にも適用される。たとえば、ある家から出た汚水が隣の家の中庭を通過する場合である。

一八八二年の地役権法は、原理上、ある者が財産として所有を主張する水源に対し、他の者がアクセスする権利を主張することを可能にした。この法律により水利権関連の訴訟を解決することは、インドの法廷では一九一〇年までほとんどなかった。一方では、審議された訴訟は、土地所有者が自身の所有地内の水源に対して有する権利を確証した（ターヤマル対ムッティア〈*Thayammal v. Muttia*〉、マドラス高等裁判所、一八八七年）。他方では、市当局が「市に水を供給するため」他者の財産を取得する権利が、一八九〇年のボンベイ高等裁判所の訴訟で確認された（大インド半島鉄道対ボンベイ市政府[12]）。訴訟がめったに生じなかったのは、この法〔地役権法〕が地下水をその範囲から除外していたからである。したがって、井戸が争点になることはほぼなかった。いくつかの財産分割訴訟では、それまで拡大家族によって使用されてきた井戸の権利が争点になった（ジャナルダン・マハデオ・バーゼ対ラーマチャンドラ・マハデオ・バーゼ〈*Janardan Mahadeo Bhase v. Ramchandra Mahadeo Bhase*〉、ボンベイ高等裁判所、一九二六年）。地役権の争点は、拡大家族のメンバー全員が引き続き井戸にアクセスできるべきかどうか、というものだった。しかし、メンバーが持ち分を売却したり、土地を離れたり、土地所有権を新たな所有者に譲渡したりした場合、その権利はなくなるのだろうか。このような問題について、コモンズの共同利用を重視する地役権法と、家族財産の統一（または部外者の排除）を重視する財産相続法は対立していた。ラーマスワーミら対ムニースワーミら（*Ramaswami and others v. Muniswami and others*, マドラス高等裁判所、一九五九年）では、井戸水の権利は地役権法のもとで拡大され、他の土地にある井戸を使う必要がある、あるいは過去に井戸を使っていた土地所有者は、その使用権を主張することができた。しかし、使用パターンが不明確な場合、井戸は引き続き法の範囲外とされていた。

表流水は、さらに複雑な問題を引き起こした。耕作が拡大して人口が増えるにつれて、高等裁判所では、水路や河川として分類されない流水に対する地役権の適用をめぐる訴訟がみられた。これらの訴訟では、雨水であれ、河川や用水路から引いてきた水路であれ、あらゆる種類の流水に対して流域以外の土地所有者がもつ権利の性質が議論された。ほとんどの場合、これらの訴訟は、水路に位置する誰かが、その流れを妨げる障害物を作ったことと関係していた。

灌漑や他の目的のためにモンスーンの雨水を用いる場合、状況はさらに複雑であった。理論上、川の上流に位置する人が下流に位置する人よりも多くの水にアクセスできるケースでは、不平等は比較的対処しやすかった。なぜなら、そのような不平等は至るところでみられたし、先例となる事例も多かったからである。とはいうものの、河川は恒久的な水域だった。では、恒久的ではない水域についてはどうだろうか。大量の雨水は、ある季節に使用するために溜め込まれる。可能であれば、誰もがそれを試みる。雨水は斜面を流れ下る。斜面の上部の利用者は多くの水を溜めることができたが、下部の利用者には、しばしば、その利用に対する一定の記録にもとづく慣習的権利があった。慣習と成文法は別物であった。季節的な水路の場合、紛争が生じた時、裁判所に任命された視察団は、その水路を見つけることすらできず、権利問題を解決することなどできようもなかった。非恒久的な水域に対する権利は、雨水が通過する土地が一方で私有財産として取得されたため、議論の争点になった。シーターラーム・モーティラーム対ケーシャヴ・ラーマチャンドラ（*Sitaram Motiram v. Keshav Ramchandra*, ボンベイ高等裁判所、一九四五年）の訴訟では、控訴裁判所が雨水に地役権は存在しないと決定した。しかし、紛争は終わらなかった。[13]

水の公平な利用を確保するためのまったく異なる方法は、資源を公共財として宣言することだった。法はこれにも及び腰だった。

＊

裁判所は戦間期から、国家が「公共の利益のために」共有水源を接収できる土地収用権の規則を認めていた。それ以前では、一八七三年の北インド用水路および排水法（Northern India Canal and Drainage Act）が国家に、「すべての河川や水路」および自然湖「の水を公共の目的のために使用および制御する」権限を与えた。この法と同様、国家が慣習に優越して土地収用権を行使できる地域は、一九四七年まではいくつかの州に限られていた。とはいえ、それは重要な原則を確立した。すなわち、表流水は、地下水とは違って公共財である、というものである。[14] これらの法の策定に至る正確な動機を示す研究はほとんどない。おそらく灌漑プロジェクトや飢饉の経験から着想を得たのだろう。しかし、水は州の管轄であり、州同士はしばしば水をめぐって争ったために、単一の法的規則が現れることはなかった。

二〇〇〇年以降、水ストレスが高まるなかで、水をめぐる財産権の歴史とその権利の性質にかんする諸論考が発表された[15]。これらの著作は、なぜ司法および政治プロセスがしばしば水ストレスに対処できなかったのかを示している。現代の視点からは、インドの水利用にかんする法律は「つぎはぎ」のようにみえる[16]。地上の水源に対するパブリック・トラストの主張がためらわれ、地下の水源に対する私有権が根強く残っていることは、その印象を裏づけている。一九五〇年代のインドにおける土地改革は、地主の力をそぐことを意図していたが、安全な地下水へのアクセスをもつ地主の権力をそのまま残した。つぎはぎのような立法により、このような異形は放置されたのである。

さらに、二〇世紀後半に土地収用権の規則が論争の的になった時、国家は水を共有水源から産業に配分する権利を主張していた。ある州が別の州の水に対する権利を主張することで生じうる潜在的な争いも、解決されることがなかった。これらの対立の根底には、原則にまつわる未解決の問題があった。共有水源に依存する人びとの利害が対立した場合、国家が仲介する再分配はどのように機能していたのか。そして、州同士の利害が相反する連邦体制において、国家の仲介はどのように機能したのか。

インドの環境法はつぎはぎのようにみえるかもしれないが、実際はあるパターンに従っている。問題の捉え方には明確な焦点がある。以前の課題は、公平な分配を保障することであった。現在の課題は、他のあらゆる事柄と同様、モンスーンの降雨に依存している共有財産資源が枯渇する可能性である。カーストと平等の闘いはインド特有のものだった。ひとたび、共用貯蔵水《プール》の減少として問題が定義されれば、以下に論じるように、インドの法学は環境法にかんするグローバルな考え方を取り入れることができた。

*

二〇世紀の第四四半期を通じて、水にかんする議論の軸は不安定な供給から枯渇へと変わった。そして枯渇とは、過剰使用や利用可能量の減少、あるいは汚染や利用可能な水の劣化を意味した。制限されたアクセス、量の減少、質の低下といった三つのケースいずれにおいても、被害を受けた者は救済を求めて訴訟を提起する「当事者適格」を有していた。では、どの法律のもとで救済を求めたのだろうか。

量や質の低下に対処するための一つのアプローチは、人間に及ぶ「被害」を引き合いに出して補償を求めることである。被害という概念はあまりにも人間中心主義的で、「被害」の現実的な定義をどう見つけるかに左右されるが、その定義づけは容易でも明白でもない。補償の原則には別の問題がある。河川が汚染された場合、河川の水に対して既存の法的利害関係がある個人は、汚染者が権利を侵害したとして訴訟を起こすことができる。原告は和解によって補償を受けるかもしれない。しかし、環境は依然として質の低下に直面することになるだろう。そして、慣習的あるいは法的に弱い使用権をもつ個人は、良質で十分な量の水へのアクセスを拒否され続ける。河川そのものや「公衆」全体を法的救済の受益者とするには、別のアプローチが必要になる。

環境法において、パブリック・トラストの原理は自然資源の公的利用にかんする法を構築する。第2章で示したように、飢饉対策の最中にあったインドでは、パブリック・トラストの原理は法よりもむしろ行政実務の中から生まれた。パブリック・トラストの原理――国家は湖や河川といったいくつかの自然要素を信託として保持すべき〔という考え方〕――は、さまざまな根拠にもとづいて適用できる。その一つは、「自然の目的」である。たとえば、湖の自然の目的とは湖であることであって、ゴミ捨て場になることではない。二つ目の根拠は、合理的管理である。アメリカ合衆国でこの原理を用いた多くの判決は自然資源の「合理的管理」に言及している。これは、稀少で有用な資源を経済的に使用することを意味するものだ。さらに三つ目の根拠は持続可能性である。すなわち、パブリック・トラストがなければ、コモンズは濫用され破壊されるだろうという懸念である。四つ目は、歴史的利用である。公衆に長い間利用されてきたビーチが、その土地を購入したホテルによって突然閉鎖される事態を考えてみよう。裁判所はホテルの財産権を認めるかもしれないが、そのビーチは長い間利用されてきたもので、そのまま残すべきだという理由から閉鎖を拒否するかもしれない。さらに五つ目の根拠は、山の景観の享受であれ、地下水の生命を育む特性であれ、自然の要素のなかには誰からも〔その利用を〕排除できないものがある、という考えである。

水は、パブリック・トラストの原理における五つ目の特徴、すなわち非排除性という特徴に容易に適合する。なぜならば、土地と異なって、すべての水は共有のプールから来ており、水は命の源だからである。このような論法は、地下水の共有性に対する理解の不十分さを理由にして、水にかんして過去に確立された私有財産を覆すことができる。共有性は、「人は時計や靴を所有するのと同じ方法で水の所有権をもつわけではないが、他者のニーズを考慮に入れた用益権のみをもつ、という水法の規則」を生み出す(17)。

インドでは、パブリック・トラストの論拠は近年よく用いられているが、水にかんする重要な判例はほとんどない。ラクナウ(Lucknow)の町の公営公園にかんする画期的な判決は、その公園では歴史的利用に反して私的権利が認められていたことに対し、最高裁判所がパブリック・トラストを引き合いに出してその決定を覆した(18)。一九九七年、最高裁判所は、植民地時代から存在している見解、すなわち、国家は共有地《コモンズ》の水の受託者であるという見解を確証した(19)。その判決により、共有の水源を私的利用のために国家が仲介して分配することが難しくなった。最高裁判所は、一九九七年の林地にかんする訴訟(M・C・メータ対カーマル・ナート〈*M. C. Mehta v. Kamal Nath*〉)にて、環境法の専門家であるジョセフ・L・サックスを引用した。二〇〇二年から二〇〇三年には、ケーララにあるコカ・コーラ社のボトリング工場が地域の水資源に悪影響を与えているという運動家の主張に裁判所が応じたことで、同工場は閉鎖させられた。最高裁判所は、二〇〇四年の西ベンガル州対ケーソラーム・インダストリーズらの訴訟(*State of West Bengal v. Kesoram Industries Ltd. and others*)にて、「深層」地下水に対するパブリック・トラストの原理をあらためて確証した。本章の冒頭にある引用は、その判決に由来するものだ。州が有する権利に対する制限は絶対的なものではない、と裁判所は説明した。

世界のいくつかの国では、水に対する権利を基本的権利とする法律が制定されている。この水に対する権利は環境法の一部でもなければ、パブリック・トラストの実態に影響を及ぼすものでもない。だが、そのような権利の主張は、汚染や他者による濫用に抵抗するために行使される場合、環境に影響を及ぼす可能性がある。すなわち、私は〔水資源に〕アクセスできるはずであって、他者は私のアクセスを拒否してはならない、という二重の権利の形で主張される場合である。

一九七四年に制定されたインドの水質（汚染防止および制御）法（Water〈Prevention and Control of Pollution〉Act）は、長い間活用されていなかったが、二〇〇〇年以降、このような二重の権利を行使した数百件に及ぶ訴訟にとっての準拠枠となった。これと並行して、インド憲法第二一条――「何人も、法律の定める手続きによらなければ、その生命又は人身の自由を奪われない」〔訳出にあたっては、孝忠一九九二、五八にしたがった〕――の解釈は、安全で清潔な飲料水を憲法上の基本的権利として扱うようになった。〔この解釈が示している〕「安全で清潔」に対する関心は、平等への配慮よりも公衆衛生への配慮ゆえに、その権利を基本的権利の一部として包摂していることを示唆している。実際、このような権利をめぐる議論は、第3章で述べたような、水への平等なアクセスに向けた長い闘争の歴史を気に留めていない。その代わり、現代の議論の焦点は健康に向けられている。「安全で清潔」の意味は、政府の部局ごとに、また法廷と科学界の間で異なるため、この権利にどれほどの価値があるかは疑わしい[20]。このような法がより広範な、あるいはより平等な水へのアクセスに影響を及ぼすのか否か、といった点について、クロスカントリー分析から得られたエヴィデンスは、明確な答えを示していない[21]。

濫用に対処する第二のアプローチは、実在する人間が有する権利すべてではなく、その一部を模した独特な権利をもつ法人格の地位を自然に付与することである[22]。そうすれば、自然に対する損害は法的救済の根拠となるだろう。企業や慈善団体は、権利を有する人格として認められている。なぜ自然に対してはそのようになっていないのか。クリストファー・D・ストーンはある重要な論文のなかで、自然物が法人格を得るために満たすべき三つの条件を提示した。すなわち、自然物が脅威にさらされた場合に法的措置が可能であること、自然物への脅威をそれに依存している他者への脅威とは独立して認識できること、そして、自然物への脅威を是正する措置が可能であることだ[23]。

このアプローチは河川に対しても有効である。地理的な複雑さに加えて、河川は多くの領域を流れ、水は固定された資源ではないため、ある規制主体が保護することは容易ではなく、ゆえに行政的アプローチよりも法的アプローチの方が魅力的である。それでも、河川は未成年と同様に「自分の意見を訴えることができない」ため、この解決策は後見人や管理者の存在を必要とする。後見人は独立していて、調査を行い命令を施行するのに十分な財源を有するべきである。河川に法的権利を与えることで、政治的干渉や利益相反を減らすことができる。多くの人口が河川に依存して生活している土地では、河川の生命とそれが支える生命は相互に依存している。

この原則が初めて適用された事例は、インドにとって有望なものではなかった。二〇一七年三月、ウッタラーカンド州の高等裁判所は、ガンジス河とヤムナー河に（それぞれガンガーとヤムナーという）法人格を認めた。その判決の理由としては、これらの河川は神聖で、河川に対する危害は宗教に対する危害になることがあげられる。[24]その判決では、河岸への不法占拠に対する抗議にかんする訴訟と、産業活動による水質汚染にかんする訴訟という二つの案件が解決された。すでに示してきたように、産業および消費者による利用がインダス河・ガンジス河流域にあるこれら二河川に与えた危害をめぐっては、膨大な研究がなされると同時に、社会運動も精力的に行われてきた。しかし、この判決は前例のないもので、判例法となれば大きな影響を及ぼすものだった。

その後まもなく、ウッタラーカンド州政府は最高裁判所に上告して、河川は他の領域を流れているため、州政府の後見人としての役割は不明瞭であると述べた。この結論は、法人格の概念の複雑さを明らかにするとともに、宗教が環境保護運動にどの程度寄与しうるのか、という新たな問いをも投げかけた。もし宗教が自然を保護する根拠となるのであれば、たとえば河岸で火葬を許可することによる自然の破壊も正当化できるのだろうか。高等裁判所の判決は宗教復興主義を助長するのだろうか。河川に害を与えないかもしれない開発プロジェクトを止めるために、スピリチュアルな主張が用いられるのだろうか。これらの多くの疑問は、判決における神聖さへの言及から生じたものである。政府が取り上げた管轄をめぐる問題は注目すべきもので、他の河川に対する人格権の付与をめぐり、将来にわたって大きな影響を与えうるものであった。

従来の裁判所が伝統的な訴訟により過重負担となっていたため、インド政府はいくつかの分野で並行する裁判所を導入した。このプロセスによって審理期間の短縮が期待されている。二〇一〇年以降、国家グリーン審判所（National Green Tribunal）が環境法にかんする訴訟を審理している。(25) 水にかんする訴訟は少なく、ほとんどが河川の汚染にかんするものだ。審判所が状況に違いをもたらしているかどうかを判断するにはまだ早い。しかし、審判所の利用は、コモンズに対する認識が緊急性を帯びていることを示唆している。

＊

本章では、まず灌漑プロジェクトを通じて、次にコモンズへのアクセスにかんする法を通じて、「公共《パブリック》」という概念が出現したことを説明してきた。両分野では水をめぐる権利が再定義されたが、そのプロセスは混沌としていて計画性がなかった。その混沌の深層には、恒常的ではない水の流れと未知の帯水層があった。

多くの町や都市はこれらの問題に直面しなかった。都市では公共財の原理を主張しやすかったのだ。第5章では、どのようにしてその転換が生じたのかを論じる。

第5章　都市における水

渇いたインドの都市は、水の問題ではなく管理の問題を抱えている。
――『エコノミスト』、二〇一九年

平等を求める運動（第3章）は農村で展開したが、都市は農村とはまったく異なる世界だった。港町は水不足や季節性に制約されることがなかった。そこでは誰も喉の渇きで死ぬことがなかった。沿岸都市の生活はより安全だったため、ボンベイ、カルカッタ、そしてマドラスといった都市には多くの移住者が流入した。それにともなう急速な人口増加は、ときに局所的な水不足や感染症を引き起こした。一九世紀前半、カルカッタは最も裕福で水に恵まれた都市の一つだった。とはいうものの、一八五〇年にあるベンガル人医師は、「カルカッタの街で万全な健康状態の子どもを目にしたことがなかった」と書き留めている。というのも、すべての子どもたちは汚染された水に依存して暮らしていたからだ。[1] 都市内部の水路は人口圧力により劣化した。給水および排水をおろそかにしたことで、新参の移住者が暮らす密集地域ではマラリアやコレラが多発するようになった。

水質の問題は、都市特有の不平等に起因していたところがある。一九世紀、裕福な住民は私有井戸を利用して暮らし、貧しい人びとは共有の水源を利用していた。井戸を所有している人びとは一年を通じて水を利用することができた。それ以外の人びとは季節変動にさらされていた。しかし、時が経つにつれ、家族が増え、多くの使用人を雇うようになると、水需要は私有井戸のキャパシティを超えた。そのため、腸管感染症は富裕層にも蔓延するようになったのである。

港町では、公衆衛生の気運は給水プロジェクトから始まった。汚物処理、疾病の制御、そして集中管理された水の供給は相互に関連する目標になった。他の場所ではみられない都市特有の特徴が三つ組み合わさったおかげで、都市は農村よりも効率的にその目標を達成することができた。第一に、技術者が行政においてより大きな発言権をもっていた。第二に、自治の原則が早くから市の行政当局に導入されていたため、裕福な商人が都市を運営した。彼らは、利他主義からか、自分たちの安全への懸念からか、大規模なプロジェクトに資金を提供する動機と手段をもっていた。第三の要因は、企業が都市において活動しやすく、ろ過・凝集池、水道管や水栓のネットワークといった施設設備を所有できたことだ。多くの町や都市はこれらの特徴のいくつかを共有していたものの、どの都市も同じというわけではなかった。乾燥した南インドは雨が多い東インドよりも重大な問題を抱えていた。それでも、すべての都市は障害を克服していった。

これらのプロジェクトが始まってから少なくとも百年間、都市〔の給水〕システムはモンスーンの水をリサイクルし貯水することに依存していた（第4章）。この戦略の可能性が爆発的な都市化によって圧迫されたため、二〇世紀末には地下水が新たなパラダイムとして登場した。新たな富裕層であるアパート所有者は、地中深くまで井戸を掘り、水の問題を解決した。地下水の私的利用の急増はまた、規制の緩さを意味していた。こうした規制の欠如が、冒頭で引用した「管理の問題」の中身なのである。

植民地時代のインドの港町は、商業や軍事の中心地であっただけでなく、大規模な上水道が建設された場所でもあった。その活動はどのように始まったのだろうか。

＊

ボンベイ、マドラス、そしてカルカッタは、共通の起源から生まれた都市である。いずれもイギリス東インド会社の事業を擁しており、またこの事業はインド人の統治者やヨーロッパ人の競争相手による攻撃の恐れのない安全な拠点を必要としていたのである。一七世紀半ばから同世紀末にかけて拠点の建設が始まった時には、いずれの都市も肥大化した村にすぎなかった〔イギリス東インド会社は、一六三九年にマドラスを獲得し、翌年にセント・ジョージ要塞を建設した。その後、一六六一年にボンベイを獲得、一六九〇年にカルカッタに商館を建設した〕。カルカッタが出現した場所には、それまで何らかの種類の季節市がみられたが、一九〇〇年頃にカルカッタが世界の商業と産業の中心地になることを予見させるほどの規模ではなかった。一八世紀後半に内陸で戦争が起こり、ムガル帝国とその後継国家がビジネスの目的地として魅力を失うようになると、これらの都市ではインド人の商人、銀行家、職人、労働者の流入が続いた〔ムガル帝国は、第六代皇帝アウラングゼーブの治世に最大版図を実現したが、一七〇七年に彼が死亡した後、ムガル帝国各地で皇帝の後継者を名乗る者が相次いで出現した。ムガル帝国の制度を継承していた国々は「後継国家」として知られ、インド史における「一八世紀問題」の重要な位置を占めている。［「一八世紀問題」については、Marshall 2003, 水島二〇〇八、小川二〇一九などを参照］。しかし、これらの都市は依然として安全な場所ではなかった。ベンガルの統治者は一七五六年にカルカッタを襲撃した［一七五七年のプラッシーの戦いの背景］。マドラスは一時フランスに奪われた［一七四六年、第一次カーナティック戦争中にマドラスはフランス軍に占領された］。最終的にイギリスの勢力が生き残り、一九世紀にも引き続きこれらの都市はインド人の移住者を引き寄せた。

一八五七年から一八五八年にかけて、インダス河・ガンジス河流域で反乱が勃発し、いくつかの町で市民の反乱へと発展した際［インド大反乱のこと］、港町は平穏を保っていた。商人や銀行家は東インド会社を支持した。彼らの支持により、三つの港町は反乱との闘いにおいて便利な武器になった。直接的には、領土征服においてこれら港町の役割はやや限定的なものだった。というのも、地理的あるいは通信上の障壁ゆえに、鉄道が建設されるまで、沿岸と内陸には大きな隔たりがあったからだ。港町は、海軍の活動拠点であるとともに、インド社会の裕福なエリートを惹きつける磁場であることで、間接的に政治において重要な役割を果たした。エリートにはそれぞれの利害関係があった。ある者は、東インド会社を、内陸部の古い封建領主よりも自分たちの経済的野心に資する手段《エージェント》であるとみなしていた。他の者は、東インド会社を、彼らの子供たちに有益な教育や国際的な文化環境を提供する制度を作り出す手段であるとみなしていた。

三つの港町と沿岸部全般にはもう一つ独自の利点があった。それは、安定的な水資源の確保である。ほとんどの沿岸都市は、内陸部ほど深刻な水不足に悩まされることがなかった。港町は水資源が乏しいわけではなく、平均して多くの降雨がみられた。これらの都市は夏に河川の水量が減っても一定の水流がある河口やデルタ地帯に位置していた。港町が成長できたのは、食料や水をより多くの人びとに提供することができたからである。

第1章で取り上げた「モンスーン・アジア」の概念をめぐる議論では、その概念がシンガポールや香港の経済史をうまく説明できないことが指摘されている。それは、多くの沿岸都市の経済基盤がサーヴィス業であって、農業ではないからである。貿易と金融を基盤とした都市は、農業を基盤とした農村ほど季節の影響を強く受けなかった。インドの港町でも、貿易と金融が主要な職業であった。一八五〇年以前、港町の貿易や金融は季節の影響に対処していた。というのも、船舶輸送はモンスーンの風を利用しており、モンスーンの嵐を避ける必要があったためである。その後活躍するようになった蒸気船はモンスーンの風にあまり依存せず、暴風雨にも耐えられるようになった。

港町以外の町では、水の供給能力が限られていた。インドの都市化率は一九世紀半ばまで低く停滞していた。それにもかかわらず、内陸部と沿岸部の間で再編成が生じた。それは一八世紀半ばに始まり、その後七〇~八〇年間、東インド会社が所有する三つの港町（一八四〇年代には、第四の港町としてカラチが加わった）では、人口が急増した。それに対して、かつてムガル帝国の支配下にあったインダス河・ガンジス河流域のいくつかの都市では、人口が減少した。[2] その再編成は、部分的には政治的変化によって、あるいはインド―ヨーロッパ間での藍やアヘンといった商品の海上貿易の成長の影響によって生じたものであった。一八五〇年以降、技術変化が再編プロセスを後押しした。鉄道の貨物量が増加し、港町は商業の中継地となった。各地の作物が同一の季節周期にしたがうわけではないので、多くの地域の産物を運搬したということは、鉄道が一年を通じて多く利用されていたことを意味している。このように、沿岸部はもとから水の制約を受けにくかったとはいえ、それはまた季節の変化を克服し、一年を通してビジネスを行う手段を有していたのである。

その結果、都市部でのビジネスと農業の成長の分岐が、一九世紀の終わりにみられた。一九〇〇〜四五年に、工業とサーヴィス業の実質所得は一三三%増加し、農業の実質所得は二六%増加した。同じ期間に、製造業とサーヴィス業の労働者一人あたりの所得は一八〇%増加し、農業の労働者一人あたりの所得は六%増加した(3)。ビジネスの成長の主役は長距離商品取引だった。一八七一〜一九三九年に、鉄道や港で運ばれる貨物は五〇〇万トンから一億四〇〇〇万トンへと増加した。金融・銀行業もその成長を支えるために拡大した。商人と商社は、商取引の利益を綿花やジュートの繊維工場に投資した。移住も増加した。そして、移住には季節的失業の程度を小さくする効果があった。この傾向は都市に偏っていた。

しかし、一八五〇年ごろ、水の供給という点で港町は村と大差なかった。ほとんどの裕福な住民は自宅の敷地内に井戸をもっていた。ほとんどの貧しい住民は、池や湖、小川に頼っていた。これらの水源で利用可能な平均水量は、貧しい住民の出身地の村よりいくらか多かった。それでも、その水量は季節によって変動し、質も悪く、多くの移住者がやってくるとしばしば水不足に陥った。

陸軍の工兵隊には、巨大な用水路プロジェクトに応用された自然流下式給水システムの提唱者がいた。陸軍将校は、兵舎で頻繁に流行するコレラに悩まされていたため、水の問題に関心をもっていた。コレラは都市部でも流行していた。多くの人びとは、都市のインド人居住区が共同水栓というアイデアやそのための税金の支払いをどれだけ受け入れるか、疑問を抱いていた。抵抗があったにもかかわらず、都市では自然流下式給水システムと水道が整備された。これは一部では実業家の経済的・政治的な力の増大のおかげであり、また一部ではイギリスに由来し帝国各地に広まった道徳的関心のおかげであった。植民地時代のインドにおける都市給水を専門とするある歴史家は、以下のように書き記している。「国内外で、統治者と改革者は同じ実際的問題――すなわち労働者階級や現地の都市住民の不衛生な習慣――と、同じ理論的な危機的状況――「汚物」のなかで暮らしている都市住民の道徳的堕落――を特定し、それらに同じ環境的解決策を適用した(4)」。

この変化はどのようにして生じたのだろうか。各地域の環境に応じて、自治体の水利計画はさまざまな経緯をたどった。

＊

一八三〇〜六〇年に、ボンベイの人口は二五万人から六七万人に増加した。ボンベイは島であったため、都市拡大のための土地はあまりなかった。居住区は、裕福な人びとのための庭付き家屋からなる地区と、それ以外の人びとのための混雑した地区に分かれていた。わずかな財力しかもたないインド人の多くは、後者の地区に住んでいた。移住者の到来や人口増加のほとんどはこの地区でみられた。ヨーロッパ人や裕福なインド人商人は、庭園や開けた土地の近くに家を建てた。人口密度が高い地区には、労働者、職人、零細な商人などが住んでいた。一八六〇年まで、裕福な家庭は井戸を所有し、貧しい家庭や中流階級の家庭は川や小川、溜池に頼っていた。人口密度の急激な上昇により、すべての人びとがアクセスできる水の平均量は減少した。夏の数カ月間には、水不足が深刻であった。このように、水不足はボンベイの商業都市としての将来を脅かした。水を媒介とする病気が蔓延したため、公衆衛生は大きな懸念事項であった。

ボンベイはモンスーンの大雨に見舞われた。雨の流域には季節的な水流が多くみられ、理論上、それらを囲い込んだり堰き止めたりして湖を作ることができた。周期的な水不足や水質問題の解決策は、人造湖や自然湖から都市の貯水タンクに水道を引いて水を供給することであった。公衆衛生の改革者はそうしたプロジェクトを推進した。その一人がヘンリー・コニビア（Henry Conybeare, 一八二三〜九二年）であり、彼の権威は年齢とは裏腹に高かった。もともとインド初の鉄道を建設するチームに雇われていたコニビアは、優れた土木技師で創造的なマインドをもっていた。彼はボンベイにゴシック様式の教会（アフガン教会）を設計し、当局を説得して資金を水供給計画に使うよう促した。計画の第一段階は一八六三〜六四年にかけて完成し、ヴィハール湖の水が都市に引き込まれた。〔しかし、その時点で〕コニビアはすでにイングランドへ帰っていた。

ヘンリー・バートル・フレール知事（Henry Bartle Frere, 一八一五〜八四年）は、このような大規模な事業を持続させるために必要な制度組織をボンベイ市当局に作った。この取り組みの重要な要素は、この都市のインド人商人を公的活動に巻き込むことであった。フレールは単に公的な立場から行動していただけではなかった。彼はインドの歴史と言語にかんする卓越した学者であり、政策問題について帝国当局やインド人バラモンとの間で意見を対立させた過去をもっていたため、公平なイメージがあった。この港町の自治を求める彼の運動は、インド人のなかに強力な味方を見出した。一八六五年には、必要な法制度を備えた最初の市政府が誕生した。翌年に市が経済危機に見舞われた時、フレールの努力は逆風に直面したが、町には独自の行政権が与えられ、水〔の供給〕は市が取り組む最初の活動分野となった。[5]

それは新たなトラブルの始まりであった。市政府の財政は、ほぼ最初から汚職のスキャンダルを引き起こした。水税の支払いに対しては強い抵抗があった。「一八六八年の議論はかなり白熱し、自治体のメンバーのなかには使用料を「没収（confiscation）」と呼ぶ者もいた[6]」。これらの批判者たちのなかには、私有井戸をもち、自分たちの状況にかんして心配事がない住民もいた。また、〔市政府の〕汚職や浪費を覆い隠すために自分たちは過剰に支払わされていると信じている者もいた[7]。政策は撤回されなかったが、その実行はさらなる争いを生んだ。

水へのアクセスが改善されるにつれて、公衆衛生がより大きな問題として浮上してきた。効率的な排水路や下水処理がない状態で水道が増えると、マラリアのような新たな病気のリスクが高まった。ボンベイの人口が増え続けるなかで、人びとはそれぞれ異なる衛生条件のもとで暮らしていた。というのも、「ボンベイの都市化は、裕福な人びとと貧しい人びとの間で、富と人口にかんしてかなりの不均衡があった」からである。(8) 二〇世紀への転換期に発生したペストは、不平等の象徴だった。スラムでは、適切な廃棄物処理システムも十分な下水溝も整備されておらず、人びとは互いに非常に密集して住んでいた。公衆衛生とペストの正確な因果関係については、現在でも論争の的になっている。当時のイギリス人衛生当局者の多くは、不衛生な生活環境がペストを引き起こしたと信じていた。ネズミノミを研究したペスト専門家のなかには、疫病の起源にかんして異なる説を唱える者もいた。とはいえ、澱んだ水や不十分な廃棄物処理がノミの繁殖を早めた可能性や、密集した生活環境のために腺ペストではなく肺ペストの症例が多かった可能性はあった。

それでも、ボンベイのプロジェクトは工学的な成功を収め、人びとの厚生に大きく貢献した。一八七二〜八一年の間、ボンベイ管区の人口は二三〇〇万人前後を維持し続けた。人口が変化しなかったのは、一八七六〜七八年の飢饉の影響である。(9) 同じ一〇年間でボンベイ市の人口は、六四万四四〇五人から七七万三一九六人へと二〇%増加した。この人口増加の多くは、水や食料が不足した内陸地域から逃れてきた移住者によるものだった。次の飢饉の一〇年間、一八九一〜一九〇一年にかけて、管区と市の両方の人口は六%減少した。減少の原因は、管区では一八九六年と一八九八年の飢饉、市ではペストの流行であった。その後、ボンベイ市の人口は回復し、次の一〇年間で二六%増、さらにその後の数年間は管区よりも早いペースで増加した。

これらのデータは何を示しているのだろうか。ある説明によれば、都市の貧しい住民の間でみられたペストによる死亡率の高さは、以下のことを示しているという。「都市に広がった、活発で制御されていない発展は、社会ダーウィニズムを助長した。……成功者は繁栄し、一般的によい暮らしをし、富を独占して栄えた一方、大多数の一般市民は甚だしく苦しみ、命を落とした」[10]。やや一方的なこの評価は、内陸部の飢饉から逃れてきた人びとを都市が引きつけた代償としてペストが流行した、という事実を見落としている。一八七二〜八一年の間に内陸部の多くの人びとが命を落とした一方、都市の人口が増加したことは、貧しい人びとの命が都市ではよりしっかりと守られていたことを示している。一九〇一〜一一年の大きな回復は、都市が雇用や基本的な必要物資を提供する能力をもっていたことを示している。

このように、良港以外に自慢できる自然の利点がほとんどなかった都市は、一八七〇年以降、人口増加、工業化、商業化を経験した。人口は内陸の広い地域に広がっていた。一八七〇年に七〇万人未満だった人口は、一九一〇年には一〇〇万人、一九五〇年には三〇〇万人、そして一九六〇年には四〇〇万人に達した。二〇世紀前半にはさらに多くの貯水池が水インフラに加わった。それでも、市政はこの競争〔水供給をめぐる人口増加との競争〕に遅れをとりがちであった。一九四一〜五一年にかけて、一人あたりの利用可能な水量は七〇ガロンからその半分ほどの水準に下がった[11]。

とすると、「制御されていない発展」という表現はある真実を言いあてていたことになる。それを最もよく知っていたのは、町の行政だった。大規模なプロジェクトは水供給の問題を解決した。しかし、排水、下水、それから公衆衛生は、必ずしも大規模な介入によって解決できる問題ではなかった。移住者が急増するたび、一人あたりの基本的設備の利用可能性は減少した。一九三九年のボンベイにおける町の統治にかんする報告書は、公衆衛生の問題がなくならないのは法的な事情によることを示していた。土地は私有物だった。公衆衛生のプロセスの一部である人間の排泄物の処理は、土地所有者ごとに分散し、集約されていなかった。貧しい人びと向けの家のほとんどにはトイレがなかった。移住者が増え、家賃が上がるにつれて、地主は市民の義務を怠り、追加の支出を避けた。その報告書は、「人びとはあらゆるところで用を足し……水の供給や排水の設備はほとんどなく……小屋には礎石も窓もなく、概して過密状態である。地主の唯一の関心事は、使用人を派遣して家賃を集めることであって、敷地内の汚物処理には関心がなかった」と述べている。[12] これらの説明は、都市の貧しい人びとが苦しんでいたことを伝えているわけではない。むしろ村で水不足に見舞われた移住者は、都市で水を手に入れたのだ。それゆえに、公衆衛生と病気は深刻な問題になったのである。

カルカッタでは「水の問題に対処する」方法は異なっていたが、目的は同じだった。

*

カルカッタにおける最初の大規模な給水設備は一八七〇年に設置された。カルカッタ水道会社（Calcutta Waterworks Company）が設立されてその事業管理を担当するようになるまで、「カルカッタの給水設備は……表面排水と路上の汚れが混ざったものを開放タンクに集めたものだった」。[13] 裕福な人びとは良質の井戸を所有していた。低地、湿地および沖積層の上に築かれたこの都市では、表流水も井戸水も不足していなかった。水資源が乏しいわけではなかったが、水質は町内の地域ごとに大きく異なっていた。

新しいシステムでは、フーグリ河から取水した水が沈殿槽に貯められ、覆いがついた井戸でろ過されてから再び貯められ、そして水道管を通じて家庭に供給された。その供給能力は一日あたり六〇〇万ガロンだった。人口七〇万の都市では、一人あたりの供給量はわずかであった。事実、水道のほとんどは裕福な住民が暮らす中心地区に向かっていた。

空間計画は港湾都市の得意とするところではなかった。歴史家は、植民地都市における都市空間の人種的性格を重視している。ヨーロッパ人はホワイトタウンに住み、アジア人はブラックタウンに住む、といった具合である。しかし、この人種隔離という性質は誇張されていて、こういった描写は誤解を招きかねない。カルカッタ、マドラス、そしてボンベイでヨーロッパ人居住地とインド人居住地がしばしば区別されていたのは、人種よりも富と関わっていた。人びとは自分の経済力に応じて土地を購入した。都市が繁栄すればするほど、土地は高価になった。国際的なビジネス・エリートは、庭に囲まれた家に住んでいた。このエリート層は、一八〇〇年代初めにおいては多くのヨーロッパ人からなっていたが、一九世紀末までにはすべての港湾都市でインド人が中心になっていた。彼らは多くの使用人を雇い、井戸や廃棄物処理システムを所有していた。これらの設備には広いスペースが必要であったため、広々とした庭付きの家は衛生的観点からみて重要であった。

その中核部の外側に、古参のインド人移住者、アングロ・インディアン〔イギリス人男性とインド人女性の間に生まれた人びと」、インド・ポルトガル人〔ポルトガル人男性とインド人女性の間に生まれた人びと〕、そして新参の移住者がいた。より後からやってきた移住者であるほど、広々とした住居を見つけるのは難しかった。半熟練職あるいは非熟練職の賃金労働に従事した人びとは、狭い空間に住み、さらに郊外へと押し出されていた。これらの地域はもともと、市政の管理外であった。そこでは各家庭は、タンクや井戸から水を引いていた。これらの地域は拡大するにつれて、病気の温床となっていった。自治体の範囲は拡がり、これらの地域の一部を包含するようになった。人口増加との競争において、「カルカッタを取り囲むいくつかの郊外の町」は遅れをとり、「給水にかんしては未整備のままであった」[14]。

これらの居住地における給水システムは、どのようなものだったのだろうか。一九〇三年のカルカッタについての記述は、次のように描写している。

主要な大通りの間には、家や小屋が非常に密集して建てられている広大な空間があり、一見すると抜け出せないほど混乱した状態で、住民が限界まで詰め込まれているような状況である。地面が床になっていて、下水道はなく、家と家の間の曲がりくねった道は汚物と湿気で満ちていて悪臭を放っている。三階から四階建の建物の間にあるこれらの道のそばには、格子越しに地下牢のようにみえる場所があり、そこに多くの人びとが暮らしている。多くの井戸があり、地表から六フィートほど〔約一・八メートル〕の深さの水を彼らが使用している。これはコレラが絶えないことの原因となっている。[15]

一九〇三年、都市の中心地区では水道システムが普及していたのに対し、郊外では「タンクや貯水池、井戸からの表流水」が依然として住民の飲料水の大部分として供給されていた。[16] この記述は、近代に至るまで二重構造が続いていたことを示している。

半島地域や内陸部では、都市のために水を確保するのはより困難な課題であった。

＊

一八世紀において、東インド会社のインドでの主なビジネスは、インド製の綿布をヨーロッパ市場向けに調達することであった。会社が建設した三つの町のうち、マドラスは職人の町としての性格を最も長く保っていた。一八〇〇年代初頭、ヨーロッパ人とインド・ヨーロッパ人〔ヨーロッパ人男性とインド人女性の間に生まれた人びと〕の居住地が、セント・ジョージ要塞とその周りに住む駐屯軍を中心に発展し、その周囲を村が取り囲んでいた。これらの村の一部は、東インド会社の設立以前から存在していたが、他はかつて会社のために布を生産・加工していた。都市が成長するにつれて、これらの「都市村落（urban villages）」の人口密度は増加した。[17]

水は河川、小川、井戸から供給された。村の裕福な住民は自分たちの井戸をもっており、このパターンは二〇世紀まで続いた。他の住民にとっては、人口が増えるにつれて水が不足し、水質も劣化していった。駐屯軍は一七七二年頃に建設された七基の井戸から水を得ていた。『ブリティッシュ・メディカル・ジャーナル』に一八六七年に掲載された報告書によれば、「以前では」、七基の井戸の水は「きわめて良質とみなされていたが、最近では不純物が過剰に含まれていることがわかった」と述べている。(18) すでに述べたとおり〔第2章〕、兵士たちの健康は懸念事項であった。この一八六七年の報告書は、一八七二年ごろに建設された水道・ろ過システムへとつながる。水は、インド・ヨーロッパ人の町、および村落に似た都市内居住地の両方で利用可能であった。(19)

マドラスの環境は、ボンベイやカルカッタとはいくつかの点で異なっていた。この二都市と違い、マドラスは主に北東のモンスーンに依存していた。この町の年間平均降水量はボンベイの約半分で、カルカッタよりも二〇%少なかった。年間平均気温についても、マドラスの方が高かった。比較的高い平均気温と控えめな降水量ゆえに、この都市の表流水と地下水はより急激な変動を受けやすかった。溜池や井戸はメンテナンスにコストがかかる選択肢であった。

この都市を流れる主な二河川は、アディヤール河とクーム河である。アディヤール河は西の水源から約二七マイル流れている。クーム河はこの都市の三五マイル西にある溜池から発している。一八七七年に飢饉救済プロジェクトとして建設された長さ五マイルのバッキンガム用水路が、海の近くで両河川を結びつけている。市内では、下水処理のために、二〇世紀後半にクーム河とバッキンガム用水路は汚染された水路となってしまった。さらに、これら三つの水路は、モンスーンの時は十分な水を運ぶ濫流用水路であったが、干ばつの時にはほとんど保険としての価値はなかった。これらの河川のほかに、市内やその近くにはいくつかの人造湖、すなわち溜池があった。溜池の水は蒸発しやすかった。これらの特徴はあることを示している。すなわち、マドラスの水道事業はより費用がかさむ課題であり、限られた事業所得ゆえに、町の当局にとって大きな負担となっていた、ということだ。

内陸部にある都市のうち、比較的大きな都市では、増加する人口のために水を確保するという技術的課題が別の形で表れていた。

*

ボンベイからそう遠くないアフマダバードは、一九世紀にかなりの規模の産業基盤を築いていた。同都市には裕福な人びとが多くおり、彼らが納税者となる見込みがあったため、水道事業の資金調達は基本的に容易なはずだった。しかし、事はそれほど単純ではなかった。一八八〇年時点ですでに、この町には多くの裕福な銀行家と少数の実業家がいた。裕福な商人と強力な行政の存在が効率的な市政運営につながるわけではなかった。ボンベイと同様、富や権力を用いて公衆衛生を改善しようとする試みは、しばしば激しいいざこざを引き起こした。商人は公共事業への資金提供に消極的で、帝国行政は公共事業より商業の成長に関心を示していた。

指導力が違いを生んだ。アフマダバードにおける水道の始まりは、この都市の先駆的な実業家ランチョードラール・チョーターラール（Ranchhodlal Chhotalal, 一八二三〜九八年）の名前と結びついている。自力で成功を収めた人物のなかでも、チョーターラールはかなり非凡であった。彼はグジャラートの伝統的なバラモン家系の出身で、行政経験を積むために英語を学び、広く旅をして、イギリス人の軍将校や商人と親交を結んだ。これらの風変わりな交友関係が背景となり、アフマダバードの町で最初の綿織物工場の設立が決まり、そのために彼はバローダの銀行家や藩王国、そしてあまり実を結ばなかったが商業階級とともに運動を展開したのであった。一八七〇年までに裕福な実業家になったチョータールは、この町の給水や地下水計画のための運動に参加した。彼の心配事はコレラであった。この病気は頻繁に発生し、綿工場労働者の居住地に大きな被害をもたらした。

彼の若かりし時と同様に、彼はすでに井戸を所有していた商人たちからの反対に遭った。ヨーロッパ人とパールシー教徒の技師団は、これらの計画の利点について見解が一致しなかった。チョーターラールは主張を貫き、公の会合で殴られそうになることもあった。しかし、彼の幅広い政治的コネクションと個人の富、そしてイギリス行政との良好な関係が、これらの計画を実現させた。[20]

*

ボンベイの貯水池システムは、デカン地方の都市、とりわけハイダラーバードに類似のものがあった。ここでは、大きな人造湖に雨水を貯めて乾季に利用していた。プネーでもやや似たシステムが導入されていた。乾燥した地域であるほど、この仕組みが発揮できる能力は限られていた。

ハイダラーバードは、一五九一年の建設以来数世紀にわたって、雨水を溜める人造湖や井戸から水を引いていた。一九二〇~二七年の間に、まずクリシュナー河の支流である二本の小河川を堰き止め、次にゴーダーヴァリー河の支流であるマンジラー河を堰き止めることで、既存の湖よりもはるかに大きな容量の湖が造られた。クリシュナー河流域のプロジェクトはハイダラーバードに水を供給し、ゴーダーヴァリー河流域のプロジェクトはより広範囲の農地に水を供給した。独立後まもなく、ゴーダーヴァリー河流域の水はいくつかの新しいダムに貯められた。ハイダラーバードの水をめぐる問題は一時的に解決されたが、二〇世紀後半に再び発生した[21]。

植民地支配からの独立とその直後の州境再編を経て、デカン地方の二つの主要な河川流域は、これら河川の水を必要とするいくつかの州に広がっていた。理想としては、河川流域は一つの権限のもとで管理されるべきであるが、河川が複数の州を通過するため、そのような機関の設立は現実的ではなかった。二〇世紀後半には、都市と郊外の人口は急速に増加しはじめた。古い河川流域プロジェクトから利用可能な水に対して、集約農業はより大きな需要を生じさせた。河川流域はそのニーズを満たすことができなくなった。ハイダラーバードは、農業用水を再分配することで水を確保できた。

デカン地方の他の町と同様に、プネーの住民は一八七〇年代までは井戸から水を引いていた。また、一八世紀に建設された導水路〔地上の水路で、通常は橋を越え、土地の傾斜を利用して水源から消費地まで水を供給していた〕を利用して、カートラジ渓谷（Katraj valley）の人造湖から町に水を引いていた。その後も、近隣の泉や井戸から水を運ぶ小さな導水路が建設された。一九世紀初めには、この地域の政治的不安定のため、あまり進展がなかった。一八一八年にイギリスの支配が始まった後、町は数十年間停滞していたが、一八六九年にボンベイとの間で鉄道が開通すると、経済の中心地として再び台頭していった。一八五六年に町の自治体が設立された。一八七六〜七八年の干ばつを経たのち、ムター河が堰き止められ、カラクワースラー（Kharakwasla）貯水池が造られた。公共の水の大部分はカートラジとカラクワースラーから導水路を通じて供給されるようになった。[22]二〇世紀には、これらの導水路はタンクに水を供給し、そこで凝集とろ過の処理が施された後、水は水道の蛇口まで流れていった。

一八七八〜一九三六年の間に、プネーの公衆水栓から利用できる水は、（一日一人あたり）一五ガロンから五五ガロンへ増加し、水道の接続数は一八八四年の一一五〇口から九〇〇〇口へとほぼ九倍の増加をとげた。[23]これは目覚ましい成長であったが、多額の費用がかかった。水道事業は、町の当局が維持していた最も重要な公共事業であった。建設と維持のコストは高額で、収益は十分ではなかった。（手作業でのし尿汲み取りから水洗トイレへの移行により必要になった）一九二三年のシステム拡張の資金は公債と政府助成金で賄われた。マドラスでもみられたように、資本市場がひっ迫していると投資が低迷した。一九四七年以降になってようやく新たな投資のブームが始まった。

二〇世紀前半に南インドのほとんどの町は、おおむね地元の溜池や河川を利用して、独自の水道システムを開発した。一九三〇年、ハイダラーバードにかんする報告書には、すべての県の県都で水道供給が整備されたことが記されている。[24]ハイダラーバードやプネーと同様に、バンガロールも地元の河川に造られた貯水池に依存していた。その一つは、一八九四年にカーヴェリー河の支流であるアルカヴァティー河に造られ、もう一つは一九三三年に造られた（ヘサルガッタ湖〈the Hesarghatta〉とティッパゴンダナハッリ貯水池〈the Tippagondanahalli〉）。

これらのストーリーにはあるパターンがあった。一八五八〜八〇年にかけて、三つの要素が現れ、都市への給水に向けた共通の技術的・制度的枠組みを形成した。三つの要素とは、貯められた水や堰き止められた水を用いる大規模な工学プロジェクト、自治体当局と税務所の設置、ろ過・凝集湖を所有し水道への接続を手配する会社であった。その発端から、町の給水は人口増加に合わせて発展していた。港町では人口増加のペースがより速かった。より多くの水〔供給〕をめぐって、インフラと移住(in-migration)の間で競争が生じた。インフラは急速に成長し、拡張工事のための資金を調達する必要があった。これらの都市にはより多くの資金があったが、富裕層は必ずしも公共財に支出したがらなかった。技術的な前提も、少なくとも二〇世紀後半までは大きく変化しなかった。その結果、インフラの整備にもかかわらず、都市内の水の分配はしばしば不十分で偏っており、民間の水源に依存していた。

場所や規模を考慮に入れると、このストーリーはさらに複雑になる。三つの港町のように大規模な町では、上記の枠組みはより大規模に運用されていた。小さな町では、そのニーズと比較して枠組みの発展が遅れていた。さらに、乾燥した南インドや内陸の西インド(ハイダラーバード、プネー、バンガロール、そしてある程度マドラスも)では、地元の水源から十分に水を確保できなかったため、水道工事の建設費が高くついた。その結果、水道施設から供給される水の量は限られていた。これらの都市では、井戸への依存と不均等な分配が長い間かなり深刻な問題になっていた。

インドが植民地支配から独立した時、小さな町と大きな町、そして農村と都市の間の不平等は広がっていた。

＊

一九四九年にインドの環境衛生委員会（Environmental Hygiene Committee）は、都市人口の四九％が何らかの形で水道水――清浄水――の供給を受けていると推定した。人口密度に応じて、「水の供給量は一人あたり一日二ガロンから四〇ガロンに設計されていた」。村の状況については、「委員会はおおよその評価すらできなかった」[25]。二度の五カ年計画（一九五一～五五年と一九五六～六〇年）において、水供給計画に一定の予算が割り当てられたが、村での進展は遅かった。全国的な給水と公衆衛生プログラムは、全村数の二％強にあたる一万五〇〇〇村しかカヴァーできなかった。それ以外の村では、州ごと、村ごと、そして季節ごとにあまりにも条件が異なっていた。

数字をもう少し細かく見てみよう。一九五一年、インド連邦の農村人口は二億九九〇〇万人、都市人口は六一〇〇万人であった。都市の平均消費量を一人あたり一日二〇ガロン（環境衛生委員会の推定範囲の中間点）とし、総消費量を一一〇億立法メートル（前掲表1-1にもとづく）と仮定すると、農村の消費量は一人あたり一日一八ガロンとなる。都市の平均消費量が一〇％増加するごとに、農村での消費量は一人あたり一日一・五ガロン減少した。これらの数字は低く、広範に及ぶ不平等を示唆している。

どれほど低いのだろうか。どれほど不平等なのだろうか。一九五〇年、平均的なアメリカ人は一日あたり一四五ガロンの水を消費していた。[26]平均的なイギリス人はそれよりわずかに少ない量を消費していた。インド全体の水の消費量は、アメリカ合衆国やヨーロッパの住民の消費量に比べてごくわずかであった。ボンベイ、カルカッタ、マドラス、そしてプネーのような都市では、一人あたりの消費量は約五〇ガロンだった。[27]インドの大都市は小さな町よりもはるかに多くの水を確保しており、町は農村よりもはるかに多くの水を確保していた。だが、インドで最も水を多く確保しているところでさえ、ヨーロッパ人やアメリカ人と比べると、深刻な不足が生じているようにみえるだろう。

農村には多面的な課題が存在した。独立後、農村の水供給に資金が割り当てられたが、その多くは一九六〇年になっても使われないままであった。大規模な計画に費やされた資金は、多くの人びとに恩恵をもたらし、税収を期待することもできた――ただし、それは農村ではなく、都市に限られたことであった。水が純粋な公共財とされ、政府部門に委ねられていた場合でさえ、新たな問題が発生した。ほとんどの州では官僚間の確執があった。これは植民地時代末期の遺産で、新たな役所の増加によりさらに複雑になっていた。都市の水供給とは異なり、「多数の機関が農村の水供給」計画「に関与(していた)」。[28]県行政、公衆衛生技師、部族厚生機関などすべての機関が資金の使途について「各々の」意見をもっていた。

このような昔ながらの民間投資と公共投資の組み合わせは、二〇世紀半ばまで続いた。これらの二つの供給様式のバランスは、自治体の水供給が優勢になってゆき、時には利用者が不利益を被ることもあった。たとえば、一九四七年の報告書では、マドラス市とマドラス州にある多くの古い井戸は、人びとが自治体の水道に依存するようになったため放置されていたことが判明した。にもかかわらず、自治体の供給能力は人口の増加に合わせて増加しなかった。いくつかの事例では、地域の各家庭は自治体の水道水にアクセスできたが、「多くの場合、村全体で水道が一つしかなかった」。「女性たちは、水瓶いっぱいの水を汲むため、家から水道まで五分かけて歩き、そして五分かけて戻ってくるのに大変な労苦を感じており、しばしば水道の前で順番をめぐる争いが起こり、多くの女性は自分たちの順番が回ってくるまでかなり長時間待たされていた」(29)。この一九二〇年代の記述は、時代を超えて今にも通じるものがある。

都市の需要への対処という課題のほかにも、重要な変化があった。一九四七年以降、沿岸部と内陸部のバランスが変化した。独立後のインドの開発政策は、金属、機械、化学製品の生産に重点を置いていた。従来の事業――商品取引、外国貿易、繊維産業のような伝統的な産業――は衰退した。沿岸都市の経済的重要性は後退した。ボンベイやカルカッタといった主要都市では、一九七〇年代から一九八〇年代にかけて長期にわたる都市の動揺と脱工業化〔工業の衰退〕を経験した。

対照的に、公共貯蓄率と公共投資率は増加した。それらは、政府が内陸都市に設立した重工業施設に集中していた。また、多くの補助金が、農業投入物、すなわち、肥料、種子、揚水のための電力などの提供に使用された。ボンベイやカルカッタは後退した一方で、バンガロールやボーパールのような内陸都市は、工業発展に対する大規模な公共投資によって進展をとげていた。水資源を動員する民間・政府の努力もまた、これらの政策の一環として増進した。一般的にいえば、その結果、内陸都市

刊行案内

＊ 2024. 6 ～ 2024. 10 ＊

名古屋大学出版会

ジョン・ダン全詩集［新装版］　湯浅信之訳
レオパルディ カンティ［新装版］　脇功／柱本元彦訳
ペトラルカ 凱旋［新装版］　池田廉訳
この生　ヘグルンド著　宮﨑裕助／木内久美子／小田透訳
ヴェニスのユダヤ人　カリマーニ著　藤内哲也監訳
日本統治下の台湾　平井健介著
古代ギリシアの宗教　パーカー著　栗原麻子監訳
「後進国」日本の研究開発　河西棟馬著
日本の中国占領地支配　吉井文美著
アレクサンドロス以後　ハニオティス著　藤井崇訳
食の豊かさ 食の貧困　上田　遥著
市場経済の世界史　ファン・バヴェル著　友部謙一他訳
国際政治経済学［第2版］　田所昌幸／相良祥之著
ヨーロッパ統合史［第2版］　遠藤　乾編
中国革命の方法　三品英憲著

■お求めの小会の出版物が書店にない場合でも、その書店にご注文くだされればお手に入ります。
■小会に直接ご注文の場合は、左記へ電話かメールでお問い合わせください。宅配可（代引、送料３００円）。
■表示価格は税別です。小会の刊行物は、https://www.unp.or.jp でもご案内しております。

☒二〇二三年度日本比較経営学会 学術賞『中国国有企業の政治経済学』（中屋信彦著）
☒第18回日本科学史学会学術賞『ツベルクリン騒動』（月澤美代子著）
☒第45回アジア経済研究所発展途上国研究奨励賞『都市化の中国政治』（鄭黄燕著）
☒第29回地中海学会ヘレンド賞／第6回西脇順三郎学術賞『聖母の晩年』（桑原夏子著）
☒第36回アジア・太平洋賞特別賞『健康朝鮮』（林采成著）
☒第19回女性史学賞『口述筆記する文学』（田村美由紀著）

〒464-0814　名古屋市千種区不老町１名大内　☎ 052-781-5353／FAX 052-781-0697／e-mail: info@unp.nagoya-u.ac.jp

ジョン・ダン全詩集［新装版］

ジョン・ダン著　湯浅信之訳

Ａ５判・７３４頁・１００００円

彼は「思想を感覚的に把握する」ことができた、というＴ・Ｓ・エリオットの再評価以来、ジョン・ダンの名は、イギリス文学の中に揺るぎない位置を占めている。本書は、「魂の修辞」を駆使したこの「形而上詩人」の全詩業を、機敏な日本語で現代に甦らせた訳者多年の労作である。

978-4-8158-1161-7

レオパルディ カンティ［新装版］

ジャコモ・レオパルディ著　脇功／柱本元彦訳

Ａ５判・６２８頁・９０００円

今ははや心よ黙せ……。ニーチェからカルヴィーノまで、また漱石から三島まで、多くの魂を共振させた近代イタリア最大の詩人レオパルディ。西洋文学の深い流れを汲んだ「思索する詩人」が、ペシミズムの極限に見出した世界とは。その詩と散文の代表作を、彫琢された日本語で見事に再現。

978-4-8158-1162-4

ペトラルカ 凱旋［新装版］

フランチェスコ・ペトラルカ著　池田廉訳

Ａ５判・３４４頁・６０００円

ルネサンスを先導した詩的知性の結晶――古代ローマ世界から人間精神の規範を汲み取り、キリスト教信仰と融合させつつ、ヨーロッパの知的宇宙の全体をアレゴリカルな叙事詩に形象化、西洋の文学・芸術に絶大な影響を及ぼした、イタリア・ルネサンスの金字塔。鏤骨の訳文と詳細な訳注。

978-4-8158-1163-1

この生

―世俗的信と精神的自由―

マーティン・ヘグルンド著　宮﨑裕助／木内久美子／小田透訳

Ａ５判・３８８頁・５８００円

有限性の忘却に抗して、今ここにある生の哲学へ。「死後の生」を超え、我々が〈自由な時間〉を生きる社会とはいかなるものか。ハイデガーやデリダの難解さを脱し、アーレントとは別の仕方で、グローバル資本主義下の人間の条件を洞察、それを超え出るヴィジョンを提起する。

978-4-8158-1160-0

リッカルド・カリマーニ著　藤内哲也監訳　大杉淳子訳

ヴェニスのユダヤ人

―ゲットーと地中海の５００年―

Ａ５判・３９２頁・６３００円

隔離か、共生か――。差別と寛容の狭間で、豊かな文化を育んだヴェネツィアのユダヤ人たち。16世紀から現代にいたるヨーロッパ・地中海世界の激動の歴史のなかで、金融業や商業、さらには政治・宗教・思想などの領域で活躍した「シャイロックたち」と、水の都が織りなす５００年の物語。

978-4-8158-1156-3

上田　遥著

食の豊かさ 食の貧困

―近現代日本における規範と実態―

A5判・368頁・5400円

「善き食生活」とは何か――。「崩食」を背景として、栄養学や伝統・自然など多様な指針が乱立するいま、食の豊かさ／貧困をどう再定義するかが問われている。社会学と倫理学を結び合わせて「食潜在能力」の考え方を提示し、歴史的考察と現代の食卓調査から私たちの食生活を問い直す。

978-4-8158-1166-2

B・ファン・バヴェル著　友部謙一／加藤博／大月康弘／田口英明訳

市場経済の世界史

―見えざる手をこえて―

A5判・388頁・5400円

ユーラシアにおける市場経済の展開を、中世に遡る超長期的スケールと、異なる地域・時代を包摂する統一的視座で捉え、成長から自壊に至るメカニズムを、気候変動や感染症ではなく市場内部の性質から解明。歴史を理解する枠組みを大胆に刷新し、近代と経済をめぐる数々の通説に挑む。

978-4-8158-1159-4

田所昌幸／相良祥之著

国際政治経済学［第2版］

A5判・360頁・2700円

政治学と経済学の間で専門分化が進む一方、今日の世界では、政治と経済がいっそう密接に結びついている。その広大な領域といかに向き合うのか。社会科学の古典や歴史的知見に学びつつ、大国間の角逐が激化する時代の、エコノミック・ステートクラフトの動向も織り込んで改訂した決定版。

978-4-8158-1157-0

遠藤　乾編

ヨーロッパ統合史［第2版］

A5判・432頁・3600円

政治・経済から軍事・安全保障、規範・社会イメージにわたる複合的な国際体制の成立と変容を膨大な史料に基づいて描き出し、今日にいたるヨーロッパ統合の全体像を提示した最も信頼できる通史。加盟や脱退、戦争、通貨、移民・難民など度重なる危機の中、統合はどこに向かうのか。

978-4-8158-1165-5

三品英憲著

中国革命の方法

―共産党はいかにして権力を樹立したか―

A5判・544頁・8000円

国家による社会のコントロールはいかに深化し、共産党への忠誠競争を生み出したのか。国共内戦期、土地改革のうねりの中で農村の権力構造が激しく流動するさまに着目、エスカレートする暴力と従軍への圧力を捉え、今日の中国のルーツをなす大転換を、臨場感あふれる筆致で描く。

978-4-8158-1167-9

部と沿岸都市との間に収斂が生じた。とはいえ、内陸部はより水資源が乏しく、大都市を建設するには最善の選択肢とは言えなかった。

したがって、近年の経済再興が内陸都市に集中しているのは、逆説的な現象である。

＊

インドが一九八〇年代後半から経験した好景気は、都市部の現象だった。インドが高度に規制されていた経済を自由化した一九九〇年代には、緑の革命（一九六五〜八五年）はすでにピークを過ぎており、農村は経済的な負担に直面していた。この改革は、都市を拠点とするサーヴィス産業において雇用を創出することで状況を改善した。実際、この好景気は大都市の現象であった。バンガロールやマドラスなどいくつかの大都市は、世界的なサーヴィス輸出のハブとして台頭し、熟練で教育を受けた労働力を引きつける磁場を形成した。一九五一年には一八％であった都市化率は上昇し、二〇一〇年には三〇％を超えた。

都市内部の地域で人口密度が高まり、アパートが増えるにつれて、昔ながらの宅地にあった井戸は姿を消しはじめた。しかし、自治体の水供給は需要に追いつかなくなっていった。戸建と同様にアパートでも、掘削井戸が主流になった。自治体の水道は、都市の貧しい住民と結びつくようになった。脱植民地化後のインドにおける掘削井戸の歴史によれば、政策や計画といった領域の議論において、一九五〇年代以降、民間投資と掘抜井戸（tube well）が重視されるようになった。[30] だが、投資の方法が根本的に変わったわけではなく、依然として国家による投資が主流であった。二〇世紀末になると、民間投資が爆発的に増加した。

多くの人びとが農村から都市にやってきて、製造業や建設業、半熟練サーヴィス業で労働に従事した。この〔一九八〇年代後半からの〕好景気は想定外のことで、自然に発生しただけであった。好景気が到来した都市では、労働力の増加に備える時間がなかった。都市当局は、共有地や低地、あるいは放棄された水域に居住地が広がることを許可した。あるいは、新たな都市計画には村落を都市に組み込むことが含まれたが、そこで共有財産を管理するローカルなシステムは弱体化させられ、よりよい代替案が示されることもなかった。しばしば、干上がった溜池の底や牧草地などの共有財産を住居に転用するため、土地マフィアが関与した。

経済発展にともなう混乱ゆえに、大都市における水不足は必ずしも所得不足を原因とするものではなかった。インフラへの投資不足や税収の少なさもまた原因ではなかった。自治体が管理する土地の住民は共用の水栓にアクセスでき、その数も多かった。それでも二〇一五年ごろは、インドの都市スラムの六〇%以上は「未承認（non-notified）」の存在で、市当局から管理も認識もされていなかった。これらのスラムには、安全な水の供給も十分な下水・廃棄物処理システムもなかった。概して、都市部に住む人びとの約半分は、自宅まで水が供給されていた。それ以外のほとんどの人びとは、共有の不衛生な水を利用して生活していた。[31] これらの地域に住む人びとの多くは、多様な供給者との交渉を通じて水に、さらには自治体の水にアクセスしていた。ボンベイ（現・ムンバイ）にかんするある研

図 5–1　郊外の給水タンク車

ほとんどの町や都市では，近くの安全な水源から水を引いている。しかし，人口増加により，時々水源が不足することがあった。それ以前から，都市特有のシステムである水市場や移動貯水は，一時的な水不足の影響を緩和するのに役立っていた。この写真は，ムンバイ付近のビワンディー（Bhiwandi）郊外で撮影されたもので，給水タンク車と，水が配られる前に急いで水を飲み喉を潤す少女を写している。出典：Akella Srinivas Ramalingaswami and Shutterstock.

究が「複数の水の体制」と呼んだように、このような状況は規制の範囲外にありながら、これらのスラムに暮らす人びとのリアルな日常の一部であった（図5–1）[32]。

すべての都市がボンベイのように自然に恵まれているわけではない。乾燥地域では水不足が厳しく、即席の戦略に頼ることはさらに困難であった。政府は板挟みの状態になっているようにみえた。これらの地域に必要不可欠なサーヴィスを提供することは、共有地や政府所有地への不法侵入——これが〔移住者たちの〕居住の端緒となった——を容認することに等しかった。その一方で、必要不可欠なサーヴィスを提供しないことは、政府の無関心を示すものとみなされ、「国際人権法における水と衛生に対する人権を漸進的に実現させる義務や、インド憲法の生存権の規定に違反している」との批判を招くことになった(33)。

それと同時に、ある懸念を共有する人びとのネットワークである「中産階級《ミドルクラス》コミュニティ」という新たなコミュニティが、都市で形成されていった。その懸念とは、政府に任せておけば、都市のコモンズは永遠に失われてしまうのではないか、というものだ。バンガロールの古い溜池の多くは、都市の成長過程で劣化していったが、その一部は保護活動の中心になった(34)。

都市における水インフラ推進力は以上のように変化した。ある見方によれば、かつて公衆衛生と公共善を重視した推進力は後退し、都市部のインフラ整備において、民間資本と商業的な配慮がいっそう前面に出るようになったのである(35)。この傾向は反動を引き起こした。マドラス(現・チェンナイ)にかんするある研究は、大都市を運営する当局が二〇〇〇年ごろから「生態学的啓蒙(ecological enlightenment)」を経験しはじめ、放棄された水域に住民を再配置するかつての傾向が、水域を再生し、復活させ、そして美化する傾向——しばしばスラムの再配置もともなった——に変わったことを示唆している(36)。この変化は、過去における水域の減少が排水に悪影響を与え、モンスーンの洪水を引き起こす一因になったという認識に部分的に起因していた。

*

「インドが都市化をとげるにつれて、ますます多くの人びとが公的な水道サーヴィス提供者と接触することになるだろう」と、現代の水にかんするある調査は述べている[37]。この期待は、水へのアクセス障壁が減少することを意味している。しかし、「公的なサーヴィス提供者」は、初めから都市のなかに存在していたわけではなかった。第5章では、公的な水供給の出現、それが水へのアクセスや生活水準に与えた影響、さらにそのモデルが二〇世紀後半に遅れをとった理由を示してきた。そのモデルが遅れをとるにつれて、水不足や地下水の過剰利用が増加した。

灌漑にかんする第4章と都市にかんする第5章はいずれも、競争と対立という不安定な状況で終わった。その競争と対立が第6章の焦点である。

第6章　水のストレス

河川の水にかんする頻繁な紛争が、公正な解決を困難にしている。
——V・B・エラディー判事、ラーヴィー・ビヤース河川水審判所、一九八七年

一九四七年のインド分割後、何千ものベンガル人農民とその家族が東パキスタン〔現・バングラデシュ〕から移住してきた。人口密度の高い西ベンガルでは、土地が不足していた。政府は過去の支配者がよく利用していた取引をベンガル人たちに持ちかけた。すなわち、荒れ地を開発したら、その土地を無償で与える、というものだ。インドの大高原には広大な土地があり、何千ものベンガル人がそこに連れていかれた。しかし、彼らの目の前に現れたのは、土地にほとんど価値がなく、水を貯めることが難しく、そして彼らの農業にかんする知識——豊富な表流水の存在を前提とした農業の知識——が役に立たない環境であった。政治家たちはこの決断を急いで撤回しようとした。この失敗にかんする議会の討論で、ある議員は恩知らずな入植者について不満を述べた。すなわち、「「私たちは……東ベンガルの大河を求めている」と彼らは言った。自分たちのために河川を造り出してくれる

（人などいないことを、彼らは分かっておくべきだった）」と。[1] このエピソードは、異なるコミュニティの間で特定の生態学的空間を共有する珍しいケースの一つであった。一九五〇年代以降、水の共有にかんする訴訟が多く発生したが、そのほとんどは合意に至らなかった。

大規模な供給増加計画は解決にならなかった。それと並行して、二〇世紀には水不足に対応する二つの技術に動揺が生じた。ダムや貯水池による河川の余剰流量の貯蔵は、膨大な雨水の「無駄」が生じるモンスーン気候では誰でも思いつくようなアイデアに思われた。しかし、一九二〇年代になると、一部の人びとは集約的な耕作と河川プロジェクトが地域の環境を悪化させているのではないかと考えるようになった。一九四七年以降、そのような批判は国家開発の興奮のなかでかき消され、インドはこの方針にもとづいて多くのプロジェクトを立ち上げた。しかし、一九七〇年代以後、このモデルは環境的・政治的なコストの高さゆえ、ほぼ放棄され、個人や企業が地下水の調査に乗り出した。この第二のモデルでは、浅い帯水層を枯渇させるリスクがあった。インドの水にかんする現在の多くの学術研究は、このリスク予測への反応である。

だが、今ではパブリック・トラストの原則が導入されている。帯水層の容量にかんするデータも増えている。多くの非政府組織（NGO）が保全活動に関与している。これらの変化は、重要な転換といえるのだろうか。その転換の大きさはどれほどのものなのだろうか。

第6章では、あるパラダイムから別のパラダイムへの転換の遍歴について説明する。その出発点として有益なのは、農業の拡大が引き起こす環境破壊にかんする初期の言説である。

植民地時代には河川に対して強い関心が向けられたが、これは溜池のような伝統的な資源管理システムの無視につながることがあった[2]。植民地時代後期のインドでは、ごく少数の役人が大規模な灌漑のコストに批判の矛先を向けた。ヒマラヤ山脈から流れる河川から引いた灌漑用水路は、時には土壌を劣化させたり、マラリアのような危険を引き起こしたりすることもあった[3]。インダス河・ガンジス河流域の西側では、伏流水が耕作に利用され、地下水の貯水層が危険にさらされていた。いくつかの地域では、水が得られるか不確実だったため、新たな井戸の建設や水の採取にかかわるコストが高かった[4]。同様のプロセスが、農業の集約化を経験した乾燥地域のいくつかで発生した[5]。

両河川流域の東部やベンガル・デルタでは、デルタ地帯の河川、もしくは雨季に現れる河川に依存して生活や冬作が営まれていたが、河川系の形態が変わりはじめた。ベンガルのデルタ地帯は、河川の流路の変化という自然のプロセスを通じて肥沃になり、その肥沃さを維持してきた。モンスーンの時期には、多くの小さな水路が余剰河川水を低地に運び、その場所を貯水池へと変えた。貯水池の水が再び排水されると、干上がった貯水池の底がラビ作（冬播き）の畑となった。ベンガル西部では、一九世紀以来進んだ農業の過度な拡大がこのプロセスを抑制しはじめ、その結果、河川周辺の土壌が劣化した[6]。

*

危機の一例はダモダル河である。この河は、下ベンガルに達するあたりで狭く動きのない水路に劣化した。ベンガル東部では、多くの農地が「死につつある」と言われていた。その理由は、貯水池に十分な水がなく、また然るべき時期に乾燥しなかったためである。[7] この問題は、河川や余剰河川水を運ぶ水路に沈泥が堆積したことで生じた。これらは乾季に湿地となり、マラリアを媒介する蚊の繁殖地となった。

植民地時代には、用水路を用いた灌漑はそれほど批判を招かなかった。実際、それは人気を集めていた。戦間期には、ダムと用水路は発電など他の目的にも使用されるようになった。これらの大規模なシステムは、貯水池の形成、水力発電所の建設、用水路を用いた灌漑整備を目的として河川に築かれた、いわゆる多目的プロジェクトであった。一九五〇年代になると新しい戦略が生じ、起伏の多い地形を流れる西部の河川におけるダム建設に焦点があたった。インド東部では、ダムにはもう一つの用途があった。すなわち、モンスーンの雨水を堰き止めることで洪水を制御する、というものだ。土壌や地形ゆえに、ベンガルのほとんどの河川は大量の沈泥を運んだ。激しいモンスーンの際に洪水は避けられなかった。前近代および植民地時代の政府は、多くの労力を注いで、河川が平坦な地形を流れる場所で堤防を築いた。インドが独立した後の四〇年間、表流水の質に低下の兆候がみられても、政策立案者はそれほど悩むことはなかった。水力工学のパラダイムが根本的に変化することもなかった。何百基というダムが建設され、灌漑、電力、洪水対策に用いられた。

一九七〇年代時点で、この戦略のコストは無視できないほど大きくなっていた。一九五〇年以降の二五〜三〇年間に建設されたダム——インドの初代首相ジャワハルラール・ネルーはそれらを「現代

図 6–1　ヒーラークド・ダム（The Hirakud Dam）

インド全域の雨水依存の河川では，1947 年以後，巨大な貯水池が建設され，農業や洪水制御，飲料水の不足に対処した。マハーナディー河に建設されたヒーラークド・ダムもその一環だった。1980 年代以降，工業化，資源採掘，排水放出，そして稲作が貯水池とその水質に深刻な影響を与えた。ダムが建設される前には，ヒーラークドは河の中の島だった。この島はかつてダイヤモンド採掘で知られており，「ヒラ」という言葉は「ダイヤモンド」を意味する。出典：Bikash Padhee and Shutterstock.

インドの寺院」と呼んだ――は、モンスーンの時期に貯水池が満杯になり、技術者たちが急遽余剰水を放流せざるをえなくなったため、洪水を引き起こした。それは沈泥の自然な流れを妨げたため、土地を劣化させ、水生生物に影響を及ぼし、森林を破壊し、浸水や塩害、病気を引き起こし、住民を立ち退かせ、そして地震のリスクを増加させた[8]。いくつかのダムに付随する貯水池では沈泥が急速に堆積した。その規模は非常に大きく、浚《しゅん》渫《せつ》が不可能になるほどだった（図6–1）。

用水路もまた批判の対象になった。用水路は、上流部では水の浪費を促し、下流部では水不足を引き起こした[9]。農民は季節的な水不足に合わせて作付パターンを調整し、紛争を抑えるために独自のルールを考案した[10]。しかし、これらの方法は、局所的にのみ運用されていたものだった。水源から使用地点までの輸送中に多くの水が失われ、「低水準の水生産性（low levels of water productivity）」と呼ばれる症状を引き起こした(11)〔灌漑のパフォーマンスが低く、農業に悪影響を及ぼす状態のこと〕。多くの水が失われた要因は、一見したところ蒸発であるかのように思えたが、管理と技術の失敗が問題をさらに悪化させていた。手抜き工事で作られた用水路が、大量の水を地下に浸透させていたのである(12)。

一九九〇年代、大規模なダムに反対する運動は、ナルマダー河のプロジェクトに対する抗議活動において頂点に達した。このプロジェクトは一九五〇年代に構想され、一九八〇年代に本格的な建設作業が始まった。このプロジェクトが広範におよぶ住民の立ち退きと環境への悪影響をともなうことが明らかになると、インドのいくつかのNGOがプロジェクトへの反対運動を展開した。国際NGOもこの運動に加わり、プロジェクトの主要な資金提供者の一つである世界銀行に関与を見直すように迫った(13)。プロジェクトは激しい批判にさらされながら進行したが、おそらくインドで実現した最後の多目的河川流域プロジェクトである。

批判者たちは終始一貫して、環境への影響よりも、住民立ち退きの問題に対して熱心に矛先を向けていた。ナルマダー河のエピソードが示したのは、立ち退きを管理する便利な手段は存在せず、〔立ち退き対象地の〕人口が稠密になるほど、問題はますます厄介になるばかりだ、ということである。さまざまな悪影響があるものの、モンスーンの雨水を貯めることは、依然として水の問題に対する最善かつ最も明白な技術的解決策かもしれないが、大規模なプロジェクトにともなう〔住民の立ち退きのような〕人間への負担は、それに適した制度的対応がなされなかったために増加した。

もう一つの問題は、水資源をめぐる国と国、州と州の間の紛争（以下で詳述）、およびさまざまな利用者の間の紛争であり、それらを政治的に解決するのは困難になっていた。先に述べたように〔第4章〕、用水路の上流の農民と下流の農民との間では、確保できる水の規模が異なっていた。デカン高原のいくつかのプロジェクトでは十分な水を供給できず、その結果、農民は窮乏し、税金の支払いを拒否した。一九七九～八〇年に、カルナータカ州のナヴァルグンド（Navalgund）で、河川流域プロジェクトから集められる水に対して課された税金に抗議する運動が起こった。この水利税は二組の利用者〔上流部と下流部の利用者〕を区別せずに課される、と言われている。このような不平等が集団行動や国家の介入によって是正されない場合、ある農民集団は水を過剰に使用し、水を大量に必要とする作物の栽培に切り替え、別の集団は代替水源を探し、別の生計手段を探さざるをえなくなる。(14)

南アジアの国民国家間における河川流量の共有問題は常に緊張をともなっており、その緊張はさらに高まりつつあった。

*

南アジアにおける三つの経済大国は、インダス河・ガンジス河流域の水を共有している。インドとパキスタンは、灌漑や発電をインダス河流域の五つの河川に依存している。これらの河川はすべてインド内部に水源があり、そのうち四つの河川がパキスタン内部を流れている。一九六〇年のインダス河水系条約（Indus Waters Treaty）は、パキスタンに西側の河川をより多く利用する権利を認めた一方で、インドには東側の河川の利用権を与えた。この条約は二〇〇二年まで比較的問題なく維持されていたが、その後、脅し文句が交わされることが何度かあった。

水の政治にかんする分析は警鐘を鳴らしている。南アジアは世界人口の五分の一以上を抱え、地球上の淡水の八％を占める。南アジア諸国はいくつかの主要な淡水源を互いに共有しており、さらにインドはもう一つの淡水源を中国と共有している。水をめぐる戦争が起きてもおかしくはない[15]。現時点では、南アジアの国々は河川資源の権利をめぐって争うよりも、協力しあっている。評論家は、この交渉の条件は生態学的な考慮よりも、各国の経済力を反映している、と考えている[16]。そして予測される気候変動は、一部の条約がもとづく地理的知識の基盤を揺るがしている[17]。

パキスタンでは、「国内の水の分配と開発をめぐる政治的不安定の可能性」がますます現実となりつつあった[18]。インダス河流域にかんする研究によれば、これらの紛争は絶対的な水不足から直接的に生じたものではなく、むしろ水の権利にかんする言説に絡んでいた。それらは、「民主化、……社会正義、民族・宗教・言語的アイデンティティ［の表明］」や、正義や経済安全保障を要求する集団の認識など、広範にわたる政治的プロセスと関連していた[19]。水不足だけでは、局地的な次元で発生する紛争を説明することはできない。これらの紛争は、水は民主的かつ人間の権利の一つであり、一部の利害関係者が他の人びとを犠牲にしてその権利を侵害している、という信念に根差したものである。

国際紛争が緊張状態にあるなかで、河川の水をめぐる州際紛争は、連邦国家の制度に試練をつきつけた。

*

一八世紀末、ハイダラーバードの統治者は、軍事的保護と引き換えに東インド会社に広大な土地を譲渡した。この地域は、植民地時代の史料では割譲諸県(Ceded Districts)として知られ、南インドにおける最も乾燥した地域の一つであった。デカン地方の飢饉は割譲諸県にも影響を与え、その記憶は長く残った。アーナンタプル(Anantapur)、クッダパー(Cuddapah)、クルヌール(Kurnool)、チットゥール(Chittoor)、アドニ(Adoni)、そしてベッラリー(Bellary)諸県からなるこの地域は、植民地時代末期にはラーヤラシーマ(Rayalaseema)として知られるようになった。マドラス管区の他地域と比べて経済的窮乏が切迫していたことから、地域運動が台頭した。水に対する不安は、経済的窮乏を表す重要な指標であった[20]。この運動は、統一アーンドラ・プラデーシュ州設立の基礎を築いた。統一の条件は、水不足という不都合を補うため、ラーヤラシーマと河川の水を共有する契約を結ぶことであった。独立後、トゥンガバドラー河とその支流の水を用いた一連の河川プロジェクトが進展した。

このような感覚を抱いていたのは、ラーヤラシーマだけではなかった。同様のプロセスはデカン地方全体でもみられた。ここでは五つの州が、供給能力が限定的で、供給量も安定しない三つの河川流域を共有していた。河川水をめぐる州際紛争では、一つの河川の異なる流域に位置する二つ以上の州が関与していた。一九五六年、州際河川水紛争法(Interstate River Water Disputes Act)は、河川を共有する州の間での交渉、審理、審判所および控訴のプロセスの枠組みを整備した。この法律は、それまで州が任命した審判所が行っていた業務を引き継ぐものであり、カーヴェリー河をめぐる紛争がその一例である。

カーヴェリー河の水の共有にかんする協定の歴史は、二〇世紀初頭にマイソール藩王国とイギリス統治下のマドラス管区との間で結ばれた諸条約までさかのぼる。農業が発展していたタミル・ナードゥ州のデルタ地域には河川水の大部分が割り当てられたが、流域の大部分はカルナータカ州に属していた。この流域は、タンジャーヴール（Thanjavur）の稲作地帯の集約的耕作を支えていた。これらの協定は、領域内の使用量や、河川上流域におけるダムの建設や貯水池の容量に制限を設けた。一九七〇年代以降、緑の革命、工業化、そして都市の需要が、流域全体における水の使用量を増加させた。一九九〇年以後、審判所の手続きは紛争の焦点になった。一九九五年と二〇〇二年の二度にわたって、モンスーンの失敗ゆえに河川と貯水池の水量が減少し、カルナータカ州は以前よりも多くの水を確保せざるをえなくなり、その結果、タミル・ナードゥ州で大規模な抗議が生まれた。現在、カーヴェリー河委員会が共有協定を管轄しているが、この紛争は最高裁判所まで持ち込まれた。

この紛争は何を示しているのか。カーヴェリー河は雨水により形成される河であり、その流量はモンスーンの強さに依存している。降水量が少ない雨季が来るたびに絶望と不安はさらに強まり、紛争は激化した。さらに、通常時の流量変動もまた、利用可能な水量を計算することを難しくし、すべての割り当てが議論の余地を残した。何よりも、需要と供給のミスマッチが大きくなっていた。長期的な供給条件はあまり変わらなかったが、人口の増加にともない需要は大幅に増加し、河川水を利用する州は経済発展の先頭に立っていた。長年の伝統にしたがって、紛争の解決は需要の管理ではなく、河川そのものに焦点をあてた。

インド北部で起こったもう一つの紛争は、需要の管理にかんする議論を引き起こした。パンジャーブ、ハリヤーナー、ラジャスターンの北部三州（およびパキスタン）は、ラーヴィー河とビヤース河の水を共有している。この地域における集約農業の歴史は植民地時代までさかのぼる。一九六六年、ハリヤーナー州はパンジャーブ州から分離し、河川共有は州際交渉システムの下で行われることになった。河川共有の協定は、より多くの水をパンジャーブに割り当てていた。しかし、一九七〇年代の緑の革命により水の使用量が増加したことで、この取り決めは緊張を帯びるようになった。緑の革命の後期に稲作が拡大すると、水の使用量は爆発的に増加した。カーヴェリー河の場合と同様に、審判所、政治的協定、法廷の判決は、この問題を解決しようとした。そして、これもまたカーヴェリー河の場合と同様に、農業と都市が利用可能な水資源をますます多く利用するようになると、需要と供給のミスマッチが拡大し、問題の解決を困難にした。最高裁判所判事であり、ラーヴィー・ビヤース審判所の主席裁判官であったV・B・エラディーの発言（本章冒頭で引用）は、この行き詰まりを反映している。一九八〇年代後半に紛争が再燃した時、ラーヴィー河・ビヤース河流域の水共有にかんする書籍が出版され、新しいデータを数多く用いて供給状況を再検討し、節約の見通しについてコメントした。[21] ある結論が際立っていた。すなわち、水不足の地域において、水稲耕作はよいアイデアではないという結論である。他の作物にはスプリンクラー式の灌漑技術〔後述〕が用いられていたが、それは水田には適用できなかった。

最近の州際紛争は、マハーナディー河の水をめぐってチャッティースガル州とオリッサ州の間で発生した。この紛争には、他の州際紛争と共通する特徴があった。すなわち、（産業からの）急激な需要の増加、初期の不平等な共有の取り決め、上流部と下流部の利用者間の対立、そして連邦政治と州政治の相違などである。[22]

河川と比べて、地下水は対立とは無縁の選択肢であった——もしくは、そのように思われた。

＊

乾燥地域の州政府は、井戸の重要性を理解していた。一九五〇年代のラーヤラシーマが直面した飢饉に近い状況では、兵士たちが井戸を引き継ぎ、新たな井戸を建設し、既存の井戸をさらに掘り下げる作業を行った。一九五一〜五二年ごろ、ラジャスターン州政府は「水探し師（water diviner）」を雇っていた。水探し師はある場所に数日間留まり、ある種の第六感を働かせて、そこに地下水があるかどうかを判断した。地質学者は、州が迷信にお金を無駄遣いしていると抗議したが、不思議なことに、地質学者と水探し師はしばしば同じ場所に狙いを定めた。コミュニティ開発計画を通じて多くの井戸が建設されたが、そのいくつかは水探し師の助けを借りていた。

緑の革命が進むにつれて、用水路地域の農民が用水路よりも井戸を重視していることが明らかになった。一九七一年、水資源にかんするシンポジウムが開催された[23]。そこで発表された論文は、これまで州が依拠していた灌漑パラダイム、すなわち、多目的河川流域プロジェクトが、農民にとって最適な選択肢ではなかったことを示した。高収量の種子と肥料の組み合わせから利益を得ようとする農民は、井戸に投資した。その理由は、用水路の水では土地を冠水させてしまうのに対して、〔井戸を使って〕よりうまく水利をコントロールしたかったからである。一九九〇年までに、用水路モデルという枠組みは政治的コストゆえに事実上廃れ、農場の水源として掘抜井戸への民間投資が主流になった。この移行によって、灌漑におけるエネルギー集約度が大幅に上昇した。一九八〇年までは、掘井戸（dug wells）が井戸の主流を占めていた。その後三〇年間で、その比率は全井戸の約三分の一まで低下した。残りは、新たに建設された電力で稼働する深い掘抜井戸（deep tube wells）や浅い掘抜井戸（shallow tube wells）であった。

一九九七年、パンジャーブ州政府は農民に対し電気を無償で提供すると発表した。その発表の直後から、州の地下水位が下がりはじめた。二〇一三年までに、地下水位は、地表面よりマイナス五メートルからマイナス約一五メートルにまで低下した[24]。この急激な水位低下を引き起こした井戸の急増は、補助金だけが原因ではなかった。この増加には地理的な側面もあった。デカン・トラップの硬岩の帯水層を開発するにはかなりの費用がかかった。〔一方、沖積層のある〕北部では井戸の建設は安上がりで、〔パンジャーブ州の〕帯水層は大きかった。したがって、「沖積帯水層システムでは、個々の利用者による採取が帯水層全体に及ぼす影響は限定的である。そのため、共謀して帯水層を集団で利用する大きな動機があるのだ[25]」。

電力無償提供の発表と地下水位の低下の間に因果関係があったかどうかは議論の余地がある。パンジャーブの例にならって、無償あるいは定額で電力を提供する州が増え、農民への無償電力供給が政治的に不可欠であるという認識が広がった。しかし、この懸念は見当違いのものだった。一部の州では、このルール〔電力供給を不可欠とみなす認識〕を破っても、改革を主導する政党に大きな影響を与えることがなかった[26]。いずれにしても、地下水の危機は、同じ時期に多くの州で発生した（図6-2）。

この危機が同じ時期に発生した理由の一つは、近年、掘削井戸と都市化が相互に依存するようになったためである。現在では都市部の水や産業用水の八〇%が井戸から供給されている。熱帯モンスーンの地では、この割合は地下水の管理にとって好ましくない知らせである。

＊

インドの都市の盛衰は、地元の水資源の健全性に左右されていた。アグラ（Agra）付近のファテプル・シークリー（Fatehpur Sikri）およびベンガルのガウル（ガウダ）（Gaur〈Gauda〉）やサプタグラム（Saptagram）などの中世都市は、涵養可能な水源が枯渇したために放棄された。近隣の水源からの採水コストが低かったため、都市の成長は固定的な水源への過剰な依存を招き、危機や人口減少をもたらした。このようなダイナミクスは、世界の他地域でもよくみられるものだった。一九世紀以降、都市を支える貯水・貯留プロジェクトにより、成長―過剰利用―放棄のサイクルはより少なくなった

（あるいは、より長期化したのかもしれない）（第5章）。

過剰利用に脅かされながらも、都市は絶えず自らの境界の外側に目を向けて「水源を探して」いた。一九九〇年代以降、インドの巨大都市《メガシティ》では水をめぐる紛争が増加した。これらの都市では、「制度的経路依存性と新自由主義的再編の組み合わせ」によって、「農村部や都市周縁部に新たな形で水利権を確立する（都市の）能力が増強された」[27]。都市への水の分配の際には、都市自治体とその周囲の農

図 6–2　マラータワダ（Marathwada）の干ばつ

マラータワダはデカン・トラップ南東部の大部分を覆っているが，干ばつに対して脆弱である（前掲図 1–2）。ひとたび干ばつが発生すると，技術は無力で，水を配給しなければならないため，写真のような長い列ができる。出典：Dinodia Photo.

民の間で非常に激しい交渉が生じた。これらの交渉のいくつかは、飲料水や灌漑を担当する部局同士の議論としてはじまった。ほぼ例外なく交渉は失敗し、農民が抗議し、州当局の最高責任者が介入し、審判所や法廷が命令を下して紛争を解決したが、その命令はすぐに時代遅れになった。このような紛争のなかでより広く知られているのは、ハイダラーバード、プネー、ムンバイ（ボンベイ）、それからバンガロールの事例である。

水を農民と都市住民の間で分配することは、トレードオフをともなう。都市住民よりも貧しい農民は水不足を訴える。だが、灌漑に補助金が提供されている状況では、都市部の水供給のみが財政的に自立できている。学者たちは、コモンズの責任ある利用を実現するために二つの方法を提案している。それは、売却（sales）と占有（appropriation）である。[28] 経済学者は、水の購入といった市場ベースの解決法を探究している。地理学者や政治学者の知見によれば、多くのケースでは、〔キャプチャー理論による〕「捕獲（capture）」や「占有」としばしば呼ばれる非市場的なプロセスが主流である。このような占有の事例で、超法規的な手段や強制的な手段が用いられることはほとんどなく、むしろ政治的な圧力が問題を解決していることが多い。

上記のような対立は、票を握る農民と富を握る都市住民の間で州が表流水を配分しようとする際に発生する。両者に地下水の利用が認められると、対立は消える。地下水が主流になったのは、政治的に最も好都合な手段だったからだ。一八七六年、飢饉地域における私有井戸は、富裕層と貧困層の不平等の象徴であった。二〇〇〇年には、井戸は「貧しい」農民と豊かな都市住民の両方に利用されるようになっていた。両者とも強力なロビー団体に属していた。農民にとっては、用水路の水への幸運なアクセスこそが、不平等を象徴していた。対照的に、「地下水は、灌漑の恩恵を隅々まで行き渡らせる「民主的な資源」であり、土地をより集約的に利用することで、縮小する小作地でなんとか生計を立てている小規模・零細農民にとっての頼みの綱であった」(29)。小規模農民が重要な票田であったため、州政治は彼らの地下水利用の権利を守ろうとした。都市部のマンションの住民も、自分たちの掘削井戸に頼って生活していた。インドの経済的台頭をリードしているこれらのエリートたちを、誰が問題視できただろうか。貧困層も富裕層も共通の大義名分をもつ状況で、政治は地下水の採取に対して無力だった。民間投資は効率的で民主的であったが、水資源を枯渇させていた。

二〇世紀末までに、地下水に対する需要は爆発的に増加した。一九九〇年代以降のインドの経済成長により、非農業部門の水需要が急速に増加しているのではないか、という懸念が生まれた。

*

この懸念は、帯水層の過剰利用を示すエヴィデンスから生じたものだった。一九八〇年代のインドで起こった、コメを基盤とする第二次緑の革命は、食糧生産〔の拡大〕に成功したが、膨大な環境コストをともなった。多くの場合、土壌の栄養素が枯渇し、地下水は後先考えずに採取されていた。一九九五〜二〇〇四年の間に、インドの人口において「安全でない」地域に住む人の割合は七%から三五%に上昇した。「安全でない」とは、帯水層の涵養能力や現在の水の採取レベルを維持する能力が低下している状態として定義される。[30] 小麦を基盤とする前回の緑の革命をリードした北部では、一九九〇年代に地下水の採取が帯水層が持続的に供給できる能力をはるかに上回るレベルに達した。パキスタンでは、さらに大規模な問題が発生した。それ以外の地域では、供給に影響を及ぼす水文地質的条件があまりにも異なるため、将来の供給を予測するのは簡単ではなかった。しかし、主な問題は潜在的な供給量ではなかった。利用者には私的財産のようにみえる地下水が、実際には共有の貯蔵水《プール》から来ているということだった。

地下水の利用は、不平等や水質にかんする懸念も引き起こした。井戸は民間投資である。井戸の建設には補助金が出ることもあったが、一般的には、農村における農業用であれ、都市における飲料用あるいは産業用であれ、貧困層よりも富裕層の方が私的な投資能力が高かった。したがって、井戸は不平等を引き起こすのであり、しばしば宣伝されているような民主的な選択肢ではないのだ。

一九九〇年代以降、都市でも農村でも、民間の井戸建設は公的な水供給に比べて急速に進んだ。[31] 実際のところ、地下の帯水層はすべての人のものである、という原則からの後退がみられたのである。水は再び私的なものになったのだ。都市部では、カーストや身分が水にアクセスするチケットとして機能しなくなった。富と職業の方が、アクセスの確保についてのよりよい予測因子になった。地下水の過剰利用は水質の低下を引き起こした。クリシュナー河流域では、乱開発が帯水層上部の減少と塩化をもたらした。[32] 西ベンガル州やバングラデシュでは、掘抜井戸の水に危険なレベルのヒ素が含まれていたが、それが土壌の自然な特性によるものなのか、化学肥料の過剰利用によるものなのかは明らかではない。

では、何ができるのだろうか。

*

政策と過剰利用の間に因果関係が存在する可能性があることは、インドの水にかんする近年の議論を活性化させている二つのメッセージを浮き彫りにする。第一に、利用を抑制するために政策を改革する余地があるということである。そして第二に、農業による水利用は、農作物の生産に影響を与えることなく、何としても抑制されなければならないということだ。もし生産を減少させることなく利用量を抑制できるならば、水の生産性が向上したといえる。

共有財産資源にかんする膨大な文献によれば、コモンズの悲劇に対しては制度的解決策があるというのが定見である。制度的解決策には三つの種類がある。国家による規制と配給、資源価格が設定できる場合には市場の力を活用すること、そして協同的な共有ルールである。二〇世紀後半のインドが経験した水資源の枯渇は、これらの解決策のいずれへの信頼にもつながらなかった。国家は河川水をめぐる紛争に介入した。そのような介入は紛争を収束させたが、終結はさせなかった。干ばつが起こるたびに紛争は再燃し、仲裁はゼロから始める必要があった。水市場が機能するには特定の条件が必要で、時には不平等を生み出すこともあった。協同もまた限定的な手段であった。問題は、インド人が互いに協力できないということではなく（もっとも、カーストが問題を複雑にすることもあるが）、すべての人にとって絶望的な水不足が存在することである。

一九九〇年代以降、市場は高収性の作物を生産する商業的農業においてより出現しやすいことが研究で示された。これらの市場は緑の革命後に現れ、先行する伝統にほぼ根差していなかった[33]。すなわち、農業の伝統やコミュニティの伝統の一部ではなかった。水市場もまた、近いカーストの出自をもつ商人たちの場合によりよく機能した。多様性が大きすぎると、水の取引に悪影響が出た。というのも、「水の取引は対人関係にもとづく性格が強く、個々の人びとは自分たちと同じカーストや近親者と取引をする傾向がある」ためである[34]。市場の失敗は、「政府の失敗と同様、灌漑や水の管理においても慢性的なものだった」が、それは単に個人的なつながりに頼る必要があったためではなかった[35]。井戸は不安定な私有権の下に置かれていた。なぜなら、地下水を割り当てることは不可能だったからである。より大きく深い井戸をもつ人は、貧しい農民の小さな井戸と同じ水源から水を汲むことができた。だが、前者に多く支払わせたり、補償を負担させたりする法的手段はなかった。

さらに、水市場は、(グジャラート州のような) 沖積帯水層ではより効果的に機能した。これらの場所では、ポンプの揚水能力が比較的高く、つまり、井戸の水量が比較的多かった。「この状況は、井戸の水量が少なく、しばしば季節によって大きく変動した硬岩地域とは根本的に異なる。後者の状況では、余剰水ははるかに少なく、季節や場所によって変動する傾向があった。そこでは売り手市場となり、水を購入する側の交渉力は弱くなる」[36]。

市場が信頼できる解決手段でないとすれば、協同による取り組みの方がより効果的だったのだろうか。一九九〇年代から、あるいはそれ以前から、NGOは水資源の保全活動に取り組んできた。なかには顕著な成果をあげたものもあった。彼らは、何らかの形で住民が参加する小規模プロジェクトを推奨した。このような文脈であれば、NGOの関与は適切であるか、あるいは可能であった。しかし、協同を通じた水の管理に対する経済的評価は、明るい見通しにはならなかった。そもそも協同は、特定の条件が揃わなければ機能しなかった。NGOは地域政治の変動に影響を受け、すべての関係者がNGOを信頼していたわけではなかった。必要なプロジェクトであっても、規模が大きすぎるものもあった。また、環境によっては民間投資の方が効果的であった。

デカン地方のクリシュナー河流域では、水の共同管理が存在していた（現在も存続している）。それらは、収益性の高い作物体制と、土地と水が密接に結びついた取引を必要とした[37]。水が十分に利用可能な場合、豊かな農民は貧しい農民から土地を借り入れて、水を大量に必要とする上に収益性の高いサトウキビなどの作物を栽培する。「小規模あるいは零細農民もまた、土地を貸し出すことで二五％の収益を得ていた。これは通常、生計維持のための作物を栽培して得られる収益よりも高かった[38]」。もう一つの協力モデルは、小規模な灌漑プロジェクトを中心に構築されるもので、たとえば、村の水路や湖にダムを建設してモンスーンの余剰水を堰き止め、その水を地域コミュニティで共有するというものだ。そのモデルは、一九七二～七三年の干ばつ後にプネー市近郊の村で初めて試みられ、パニ・パンチャーヤット（*pani panchayat*）、つまり水協議会として有名になった[39]。この考えはのちにオリッサ州（現・オディシャ州）など他の州にも広がり、特別な法的支援を受けた。この構想に対する評価は賛否両論だった。多くの場合、協同は失敗するか、限定的な利益しか生み出さなかった。水協議会は、降雨に依存するインドの少数の村に存在している。

協同にとっての明らかな障害は、土地所有の不平等である。村で少数の人びとが大部分の灌漑用地を所有している場合、彼らは協議会にも影響を与えることができた。裕福な農民と貧しい農民が異なるカーストに属していると、その対立にはカーストが絡んだ。カーストは、協議会の機能を停止させる可能性がある「民主的欠陥」の一因であった。少なくとも、カーストは経済的不平等を強化した。「[表流水にアクセスできる]有利な位置の土地は、上位カーストやそのコミュニティによって所有されている。地下水資源へのアクセスも、表流水の場合と同様の傾向を示している」[40]。

明らかな問題にもかかわらず、マイクロ・プロジェクトを中心とした灌漑用水の不足に対する協力的な取り組みは、デカン高原やその周辺地域にも広がった。それは、大規模な河川流域プロジェクトが機能しない地理的環境で干ばつに苦しむ人びとにとって、魅力的なアイデアである。では、マイクロ灌漑(micro-irrigation)とは何だろうか。

＊

「ビハール州のアハール・パイン・システム、ラジャスターン州のターンカー、ヒマラヤのダーラー、ブンデールカンド(Bundelkhand)のターラーブ、そしてタミル・ナードゥ州のエリに至るまで、インドには、ローカルな取水[システム]の豊かな歴史的伝統がある」[41]。一九九〇年代以降、インドにおいて水政策の再検討が進むなかで、これらのシステムが使われなくなっていたところではその復元に、システムが存在しなかったところでは類似したシステムの創設に力点が置かれた。その推進力は、主に降雨に依存した農業がいまだに営まれていたインド諸州（主にマハーラーシュトラ州とマディヤ・プラデーシュ州）において、流域管理にかんする新たな関心から生じた。流域管理は中小規模で機能するシステムであり、狭い地域（約二〇平方マイル）の自然な水の流れを管理するものである。この戦略は、連邦および州政府からの資金援助を受けて、多くのNGOがコンサルタントとして参加するものであった。土壌保全における利点は明らかな一方、乾季の水供給を確保するうえで流域管理システムがどれほど有効であるかは不明なままであった。実際のところ、灌漑用水への影響は小さかった。

南インドの溜池、すなわち、世界銀行が「小規模な水域（small water bodies）」と呼ぶものは、およそ二〇～三〇年前までかなりの割合の耕地に灌漑用水を供給していたが、その後、いくつかの点で状況が変わりはじめた。たとえば、深井戸がより手頃で安く入手できるようになった。溜池の管理は地方団体が担っていたが、そこでは裕福な農民が大きな発言力をもっていた。これらの農民はすでに井戸をもっていたため、溜池の維持管理に関心がなかった。都市開発が溜池への水の流れを妨げたり、都市が水を消費のために転用することもあった。

すでに井戸や用水路がシステムとして確立していた不安定な環境では、流域管理に関する資金援助は得られなかった。だが、そうした州では、水の使用を節約する新たな技術が奨励されていた。

*

灌漑農業における水資源の保全にとって、その効果が実証されている一般的な解決法は、点滴灌漑システム（drips）とスプリンクラー灌漑システム（sprinklers）のみである。点滴灌漑もスプリンクラー灌漑も一種類ではない〔さまざまな種類がある〕。インドで利用されているほとんどの灌漑システムは地表点滴灌漑であり、地中点滴灌漑ではない。利用可能な灌漑システムはいずれの種類も、蒸発を最小限に抑えながら植物の根が必要とする量の水を供給する、という同じ目的を共有している。これらのシステムは二一世紀初めにインドで利用されるようになり、その後普及した。それにともない、いくつかのインド企業が世界有数の点滴灌漑システムの製造元として台頭した。

水の生産性にかんする研究の多くは、点滴灌漑とスプリンクラー灌漑の方が、伝統的な洪水灌漑よりもはるかに生産的であることを示している。それらは水の節約になるだけでなく、場合によっては一ヘクタールあたりの収量を向上させることもある。また、作物によって生産性は異なり、サトウキビ、バナナ、野菜など水を多く必要とする作物では高く、主要な食料作物では低いことも、研究のなかで示されている(42)。これらのシステムは、初期段階において大規模な設備投資をともなう。州が設備導入に補助金を出したところでは、点滴灌漑が進展した。驚くようなことではないが、このシステムの利用は依然として限定的であり、点滴灌漑・スプリンクラー灌漑が導入可能な耕作地の二〇％にも満たないかもしれない。その利用状況もさまざまである。マハーラーシュトラ、アーンドラ・プラデーシュ、タミル・ナードゥ、ラジャスターン、そしてカルナータカなどの乾燥した州では、点滴灌漑とスプリンクラー灌漑が利用されている。ウッタル・プラデーシュ、パンジャーブ、ハリヤーナーでは、これらの利用は限定的である。これらの利用は増えたものの、地下水位に有意な差異を生み出すほどの増加ではなかった[43]。なぜ、最も集約的な栽培が行われている地域では、点滴灌漑やスプリンクラー灌漑の浸透は限定的なのだろうか。その大きな理由は、地下水が人為的に安く設定されているからである[44]。小麦やコメは今でも井戸や用水路に依存している。州はときおり、安価な電力を提供することで、これらの水源からの揚水に補助を与えている。その結果、点滴灌漑が地下水位や水質に与える影響は限定的で、ほとんど目に見えないのだ。

他の手段がすべて失敗しても、法はまだ機能するのだろうか。一九七〇年ごろから、井戸の掘削を管理するための「モデル」法が存在している。一九九〇年代に危機が深刻化するにつれて、そのモデルは修正されたが、実際にはほとんど効果がなかった。このようなモデルを法律化することは容易ではなく、タミル・ナードゥ州では失敗した。おそらくより重要なステップは、二〇一七年に起草されたモデル水法である。これは地下水を共有財産として宣言し、すべての利用者に共有利用規則に同意することを法的に義務づけた。このガイドラインは、州当局に定期的なデータ収集と井戸の登記を求めた。二〇一七年のモデル法が管理に影響を与えたどうかを判断するのはまだ早すぎる[45]。第4章の冒頭で引用された二〇〇四年の判例のような事例判決はある理想を示しており、この理想は適切な執行システムの到来を待ち望んでいるのである。

本章では、水をめぐる二つの主要な争点について議論してきた。一つは、（国家間、州間、そして都市と農地の間における）表流水の共有、もう一つは、地下水の過剰利用である。政治・制度の変化はこれらの対立を解決しようと取り組んだが、それほど成功しなかった。局地的なスケールでは、水市場と協同には成功するための条件が必要であったが、その条件には満たすことが難しいものもあった。地下水の法的規制は、執行インフラが未整備のまま進んでいた。ある研究が「規模の問題」と呼ぶものは、交渉を緊迫したプロセスにした。[46] 規模の問題とは、単純なものである。すべての人に行き渡るだけの十分な水が不足しているのだ。これはインドの地理的条件に起因しているが、集約的な農業と都市部の民間投資によってさらに悪化した。それでもなお、民間投資は将来、最大の希望をもたらすかもしれない。州の補助金は、水の浪費を助長する場合もあれば、節約を促進する場合もある。マイクロ灌漑への投資を奨励し、水を多く必要とする作物の消費に課税することは、一つの解決策になるかもしれない。

＊

ここで水の物語を述べるのを終えよう。次に語られるべきは、季節性がどのように克服されてきたのか、という話である。

第7章　季節性

雨季には、水が広範囲にわたって存在するが、それ以外には何もない。
——デリー市周辺の土地にかんするパンジャーブ銀行の調査、一九二九年

労働力の季節的移動とは……半ば飢餓状態に対する唯一の代替手段である。
——王立インド農業委員会、一九二八年

一八九六年、ベンガルのある紳士が、低地ベンガルの出稼ぎ労働者〔季節労働者〕集団について詩を書いた。「西の国からやってきた労働者たちが」河床から粘土を集めている光景は、ほとんどのベンガル人にとってごくありふれたもので見逃されがちであったが、その詩人を魅了した。彼は子供たち、とりわけ弟の面倒をみながら河岸で食器を洗う少女を観察した。彼女の両親が働いている時、「少女は右手で弟の手を握りながら戻っていく……母親の代理なのだ」(1)。肥沃で水に恵まれたベンガルでは、貧しい人びとは土地に縛られて暮らし、故地を離れる者はほとんどいなかった。彼らが貧しかったのは、平均的な土地の所有規模があまりにも小さかったからだ。それでも、年間を通じて何らかの仕事はあった。インドでそのような特権を享受できる州はほとんど存在しなかった。貧しい人び

とは、故地の近くでほとんど仕事を得られず、建設現場で働くために遠く離れた場所まで旅をした。粘土質のベンガルでは、「西からやって来た」レンガ職人たちが、冬の間よくみられた。彼らは家族単位で移動し、大人は働き、子供たちは他の子供たちの世話をした。そして彼らは、モンスーンの雨が降りはじめる直前に姿を消した。

これらの季節労働は、インドでは決して新しいものではなかった。しかし、一九世紀以降、その規模やパターン、影響が変化した。農作物取引の大規模な拡大によって、取引に直接的あるいは間接的に依存する多くの人々の生活に対し、季節が与える影響が強まった。言い換えると、水へのアクセスとともに、気候による影響がこれまでと比べて変わりはじめたのである。資本と労働力はより頻繁に移動するようになり、長い遊休期間を短縮した。熱帯モンスーン農業の極端な季節性は、このような遊休期間を強制的に生じさせ、外に仕事があれば村を出るのもいとわない人びとを生み出した。実際、村の外には仕事があった。一九世紀にこれらの機会の一部は消失したが、新たに工場やプランテーション農園、商業的農業といった就労機会が生まれた。鉄道は移動のコストを削減し、年の一時期に町で働いてから農繁期に合わせて村に戻ることを容易にした。

近代にみられたこのような移動は、賃金とはほとんど関係がなかった。賃金率は低く、ほぼ安定していた。ときに工場労働者は組合に加入し、賃上げを勝ち取ることができた。一部の熟練職人サーヴィスでは、収入が増加した。ほとんどの肉体労働や半熟練労働では、実質賃金の目立った増加はみられなかった。それでも、人びとの循環移動は以前よりも増加していた。経済学者とマルクス主義の立場をとる歴史家は、農村に「余剰」労働力が存在したため、あるいは移住者が飢饉、貧困、疫病などによって移動を余儀なくされたため、移動が増加したと考えている。カルカッタのジュート工場の労働者にかんするある研究は、これらの移住者を「不運な人びと」と形容した。(2)

これらの解釈は説得力に欠ける。出稼ぎ労働者は村で完全に余剰になっていたわけではなく、作付や収穫の時には彼らの労働が必要であった。インド農村部の最も窮乏した人びとは飢饉で亡くなったが、その一部は都市の工場に働きに来なかった。ボンベイやカルカッタの工場にいた人びとの多くは、土地をもつ小農《ペザント》であって、土地をもたない労働者ではなかった。そして、彼らの大部分は男性であって、女性ではなかった。自ら出稼ぎに出る姿勢は、「不運」であることとほとんど関係がなかった。多くの工場労働者は、二つの仕事をこなすことができる数少ない幸運な人びとであった。これは季節性〔季節変動〕を象徴するものであった。移住者たちは高い賃金を求めて交渉しなかったが、それでも、時間をより有効に活用して、より高い収入を得るために移動することを望んだ。

資本もまた、季節性の影響を受けた。一九世紀以来、信用業務の大きな分野は、農作物取引に対する資金援助であった。銀行家は故地から移住して、大きな村や小さな町、または鉄道駅のある町に定住したり、支店を設立したりした。担保がほとんどない農民に金を貸すことは、リスクの高いビジネスであった。ローン契約は法的に保護されていたが、裁判には費用がかかった。ほとんどの銀行家は顧客にかんする知識や個人的なつながりを使ってビジネスを行っていたが、ごく一部の最上位の銀行のみが有価証券や手形を大規模に取り扱っていた。収穫物が集まると、信用の需要が急激に高まり、金利も上昇した。高金利を得られるという魅力と、特定の市場にかんする深い知識ゆえに、銀行家は〔商業ではなく〕産業活動に金を貸すことをためらった。言い換えると、資本と労働の両方において、季節性を克服するために利用可能な選択肢は、すべての人びとの暮らし向きを向上させたわけではなかった。

南アジアにおける労働力の移動には近代に先立つ歴史があった。なぜならば、移動を生み出す要因は気候に深く根差していたからである。

*

歴史家のデイヴィッド・ルッデンは、一八世紀の「インドの人口の半分」は頻繁に移動しており、多くが季節労働者であった、と述べている[3]。一八世紀の移住者の規模を示す数字はどれも似たりよったりだが、ルッデンの主張は信頼できそうだ。インド全土において、兵士と建設業という二つの職業は、冬に農村から出てきて夏に帰郷する季節労働者に依存していた。これらのうち建設業は、イギリスの支配が始まった後も季節労働者を引き付け続けていたが、兵士の方はそうではなくなった。

南アジアは歴史的に飢饉を経験してきたため、村で食料や水が不足しても、外に仕事があれば、一年のうち数カ月間村を離れる準備のある人びとが常に多く存在した。このような膨大な労働力があったために、各国は常備軍よりもはるかに安価な傭兵に依存していた。農村には、兵士ではないが武器をもっている者が多くいた。一八世紀には領土紛争が勃発し、敵対関係にあるいくつもの軍隊は、このようなパートタイムの小農から傭兵を調達していた。

一八世紀を通じて、軍事労働市場は活発に機能していた。仲介者や請負人は地方を巡回し、兵士を募集したり、軍事指導者と交渉したりした。いくつかの例外はあったが、この時代、イギリス東インド会社とマラーター勢力、マイソール王国やアフガン勢力との間の主要な戦闘は、すべて一〇月から二月の間に行われた。この時期には、収穫物は市場に出回り、軍隊を養うための食料が十分にあり、農作業も少なく、火薬も乾燥していた。インド北部から戦場へと穀物を運搬する牛のキャラバンの大行列は、冬に動き回ることができた。武器を手にした小農のほとんどは国家の軍隊に参加せず、地元の首長や地主が率いる小規模な部隊に加わった。年の一時期は戦闘態勢になるダシュナーミーのような禁欲的修道僧の団体に加わる者もいた。これらの集団は、国家の軍隊に対してサーヴィスを提供することもあった。

この市場は、一七六五年ごろに東インド会社がインド東部のベンガル州を獲得し、軍事力を確立した後に衰退しはじめた。初期の戦いのほとんどにおいて、東インド会社はその同盟国や敵対国が依存していたのと同じ出自をもつパートタイムの小農兵に頼りつつ、小規模な常備軍をも率いて闘った。長い眼でみると、東インド会社は、有給の兵士からなる常備軍の方が、不安定な傭兵の供給に頼る現地国家に比べて、より信頼でき、決定的な優位性があると考えて行動していたようだ。一八世紀末から、東インド会社は、ほとんどの現地国家の軍勢よりも大きな軍隊を率いて闘うようになり、その兵士たちはみな中央財政から給料を支払われ、中央の指揮下で戦った。敵対国にとって、この軍事機構に抵抗することはほとんど不可能であった。

東インド会社が権力を強固にしていくなかで、雇用可能な多数の人びとを武装解除する必要が生じた。その手段の一つは、市場の独占であった。会社は、戦争中や失業時のみ彼らに仕事を提供するのではなく、兵士に通年で給料を支払い、村の農地の一画という形で退職年金を与えていた。〔この手段によって〕市場は崩壊し、膨大な数の仲介業者を没落させた。「たった一つの雇用主しか残っていない状況では、仲介者、労働斡旋業者、仲介の請負業者（ジャマーダール）の役割はほぼ喪失した」[4]。

しかし、この方策によって農村部を完全に武装解除できたわけではなかった。新しい国家が全員を雇用できたわけではなく、雇われなかった者や藩王国の復員兵は無為に過ごしていた。農村では多くの人びとが武装し、一年の長期間にわたって失業していたため、盗賊行為と戦闘行為の境界は常に不明瞭であった。一九世紀初めから半ばにかけて、インド中部や南部、東部の地方役人は、さまざまな種類の盗賊を抑え込むのに忙殺された。そこには、林道を歩いていた巡礼者や旅行者を餌食にする「タギー（thuggees）」、ベンガル・デルタ地帯の水賊、そしてアフガン騎馬部隊の残党である「ピンダーリー（pindaries）」などが含まれていた。これらの組織化された略奪集団は影を潜めるようになったが、完全に消え去ったわけではなかった。

武器もまた消滅しなかった。職人による銃の製造やその使用は広範に残っていた。銃は、暴動、土地紛争、野生動物からの防御など、他の用途でも一役買った。一八七八年のインド武器法（Indian Arms Act）は〔銃器の製造や所持などにかんする〕ライセンスを義務づけたが、遠隔地の農村ではほとんど効果がなかった。一九〇七年、猟師で自然保護活動家のジム・コルベット（Jim Corbett, 一八七五～一九五五年）は、ヒマラヤの片田舎で何百人もの命を奪ったチャンパーワットの人喰いトラを追っていた。ある時、コルベットはビート（丘陵地帯の森の斜面を集団で駆け下り、動物を開けた場所に追い出す作戦）を組織することに決めた。これは誰にとっても危険な作戦で、志願者はほとんどいなかった。そこで、地元の税務官は、「無認可の銃器に目をつぶり、さらに弾薬を提供した、と公言していた」。この動機づけは成功し、「その日に製造された武器で博物館は満杯になった[5]」。

この出来事より前の数十年間を通じ、季節的な遊休状態にある農民にとって、兵士は現実的なパートタイムの職業ではなくなっていたが、他の労働市場は活況を呈していた。北部のガンジス河・ヤムナー河流域での大規模な用水路建設、南部の一部のデルタ地帯におけるダム建設、鉄道、そして拡大する都市では、レンガ作りに多くの人びとが雇われていた。レンガは乾燥した屋外で作られた。作業は、募集仲介人が活発に動き出すモンスーン期の中盤から始まった。冬場のピーク時には、数千人が一箇所（たとえば、ガンジス用水路の拠点であるルールキー）で働き、数百万個のレンガを作った。季節労働者は、工期が終わったときに多くの金を故地へ持ち帰るべく、過酷な労働環境で必死に働いていたため、通年雇用の労働者よりも高い賃金を受け取っていた。作業はこのように速いスピードで進んだため、労使関係は緊張していた。それは、一八四八～四九年のストライキにも示されていた[6]。

その後何が起こったのだろうか。労働と労働者にかんする史料は、季節性の要素が一九世紀後半にインド全体でますます重要になったことを示している。これは、植民地時代のインドで農作物の取引および輸出、そして耕作面積が飛躍的に伸びたためである。こうした成長は、技術、制度、そして世界市場における一連の変化の産物であった。生産から取引、金融に至るまで、幅広い生計手段が農作業における季節性のリズムに以前よりも激しくさらされるようになった。新たに出現したこの農業経済を背景として、人びとの季節的な循環移動は続いたのである。労働にかんする多くの公文書はそのパターンに注目し、それについて記述している。本章の以下の数節では、移動のパターンについて説明してゆく。

極端な季節性は就労の可能性に対してどのような意味をもったのだろうか。この問いに答えるため、一九二〇年代に刊行された史料から寸評してみよう。(7)

＊

六月に南西モンスーンの雨が到来すると、インドの大部分で土地が耕され、モンスーン作物（カリフ作物）として、コメ、雑穀、メイズ、（南インドでは）落花生、そして綿花の作付が行われた。これらは天水栽培の作物で、八〜一二月にかけて収穫された。一〇〜一二月には、冬作物、すなわちラビ作物――小麦、大麦、豆類――の作付が行われた。これらは三〜四月にかけて収穫された。収穫の最盛期は一二月と三月で、最も多くの作物が市場に出回った。冬作物は灌漑によるものもあれば、インド南部の沿岸に湿気をいくらかもたらす北東モンスーン（逆向きのモンスーン）を利用するものもあった。北東モンスーンは弱かったが、地元で消費される穀物を多少は実らせた。

すべての作物がこのような季節変動の周期性に従っていたわけではなかった。サトウキビは通年で栽培される作物で、一月に作付をして一二月に収穫された。ジュートは二月に種を播き、七月に収穫された。サトウキビは大がかりな灌漑を必要とし、ジュートは低地に貯留水を必要とした。したがって、これらの作物は狭い地域に植えられた。サトウキビは冬の市場を賑やかにした。ジュート収穫の影響は局地的なものだった。

インドのどの地域も、カリフ作物とラビ作物の両方を豊富に生産することはなかった。すべての地域でモンスーン作物は栽培されたが、灌漑が安定している地域では冬作物も栽培された。このような地域には、パンジャーブ、南西部の沿岸デルタ地域、井戸が多くあるインダス河・ガンジス河流域の一部などが含まれた。ほとんどの地域では夏の間、耕地の一部を休耕地にしていた。最も忙しい地域でさえ、三〜五月はあまり活動的ではなかった。

独立後の一九五四年、インド政府は、国内の最貧困層を対象にした最初の大規模調査である農業労働調査の結果を刊行した。この調査では、季節性の影響が深刻であることが明らかになった。二つの州を除くインド全体で、年間百日以上が完全な遊休状態であった。さらに、非農業活動に従事する日数は、農業活動に従事する日数と正の相関関係があった。また、労働集約性と平均賃金の間にも正の〔相関〕関係がみられた。言い換えると、非農業労働は、農業労働の代わりになる独立した収入源ではなかったのだ。雨に大きく依存した農業環境に閉じ込められた人びとは、農業以外の仕事によって現状を打開することができなかった。彼らにとって唯一の選択肢は、その地から離れて遠くへ〔出稼ぎに」行くことだった。故地の近くに仕事はなかったのだ。

モンスーンの季節には、小農は種播きのために労働者を追加的に雇う資金を必要としていた。このような追加的な資金需要があったにもかかわらず、六〜七月の資金需要や全般的な経済活動は、冬と比べて抑えられていた。冬に取引が活発になったのは、取引可能な商品が増えただけでなく、道路の安全性が高まり、河川の航行もより容易になったためである。沿岸航路や鉄道路線に頼れない地域では、モンスーン期に輸送が機能不全に陥り、冬に復活した。ベンガルのデルタ地帯では、モンスーン期に河川を航行するのは危険だった。デリー付近の平野では、「雨季には、水が広範囲にわたって存在するが、それ以外には何も〔なかった〕」[8]。

漁業は季節産業だった。モンスーン期の増水で、漁に出るのが危険になるからであった。飼料の乏しい半乾燥地域では、家畜市場は季節に応じて変動した。播種期の終わりには、家畜は飼育者や放牧者に売却された。これらの人びとは、放牧のために家畜を森林地帯の近くに連れて行った。そして、次の播種期の前に家畜は再び買い戻された。チベットやアフガニスタン、中央アジアとの越境取引は冬にピークを迎えた。ボティヤ人やチベットの貿易商など辺境地域のコミュニティは、平野部に羊毛を供給しており、夏の間は家畜の群れとともに山にとどまり、羊毛を紡ぎ、土地を耕していた。彼らは、一二月から一月に平野部に下りてきて、大規模な定期市で商売をした。北インドの毛織物工場は、彼らから原毛を購入し、軍用毛布を生産した。沿岸での取引が冬に活発になったのは、その時期に沿岸の輸送路がより安全になるためであった。

消費も季節によって変化した。収穫後には多くの結婚式が開かれ、高品質の衣服に対する需要が高まった。綿布職人は、モンスーン期には市場が低迷し、雨のなかでは屋外での糸加工が容易でなかったため遊休状態になった。農村部の貧しい人びとにとって、冬は食料が多く種類も豊富だった。追加で収入を得られるチャンスがあったので、移動する人びともいた。ガンジス平原西部では、出稼ぎ農民はラビ作物の種播きのために雇われ、大工や鍛冶屋は道具作りのために労働者を雇い、消費耐久財は定期市で売られた。森林の伐採業者はヒマラヤ山脈の丘陵地帯で木を伐採して鉄道に供給するため、一〇月に木挽を雇っていた。ゆえに、木材請負業者は冬に大人数を雇うため借金をする必要があった。

ボンベイやアフマダバードの綿布工場、カルカッタのジュート工場では、年間を通じて労働力を活用し続けるべく、原材料の貯蔵を行っていた。しかし、労働者は一年中働くことを望んでいなかった。ボンベイやカルカッタの工場労働者は、六月の播種期や冬の収穫期になると北インドの故地に戻った。工場経営者は、これを「常習欠勤」として非難した。一九五〇年代、インド文化に魅了されたアメリカの社会学者たちは、このような報告を額面通りに受け止め、インドの労働者は西洋人から近代的な産業規律を学ぶ必要があると考えた。これらの労働者の多くは土地を所有しており、故地で耕作を行うために商人から借金をしていた。彼らはこれらの商人に対しても責任を負っていたのだ。同様に、農閑期になると、人びとが内陸部から都市へと逆流する動きがみられた。一九三〇年にデリーの工場監督者は、「農民は一般に短期の産業雇用に魅力を感じている」と述べた。(9)

他のほとんどの工場は、収穫期にのみ稼働していた。一九一九年、登録工場における雇用人数の約五分の一、つまり二〇万〜三〇万人ほどが、中小規模の工場で賃労働に従事していた。これらの産業は内陸部の小都市に集積しており、たとえばカーンデーシュの綿繰工場、アーンドラ沿岸部の製粉工場、西インドの手織工場、マラバールのレンガ・タイル工場、北アルコットの皮なめし工場などが挙げられる。これらの産業では、近隣の地域からやってきた移住者を雇っていた。製粉所、搾油工場、タイル・レンガ製造所、粗糖生産所は、冬にフルタイムで稼働していたが、綿繰りやジュートの圧縮は季節的な活動であった。

一般的な経済活動にこのような変調がある中で、何らかの形で主業を農業に依存する人びとが、複数の仕事を組み合わせて〔ポートフォリオを組んで〕生計を立てようとするのは当然だろう。このような戦略は、ほぼ常に移住をともなっていた。

*

一九〇一〜三一年にかけて、「移住者」と自己申告した人びとは、総人口の一・八%から三・〇%にすぎなかった。この割合は小さくみえるが、五〇〇万から一〇〇〇万人が長距離移動していたことを示している。ほとんどの人は、新たに登場した特定の職業に就いた。農業が年間二二〇〜二四〇日以上のフルタイムの仕事を提供することはまれで、乾燥地域ではさらに少なかった。一九世紀の工場での平均収入は、農業における小農の期待収入よりわずかに高いだけであったが、工場、鉱山、プランテーションは就業機会を提供してくれた。裕福な小農世帯ですら、成人男性を農業以外の賃金労働に送り出し、繁忙期の仕事に合わせて彼らを呼び戻すようにしていた。

一人あたりの利用可能な土地が非常に少ないインダス河・ガンジス河流域の人口密集地や、一人あたりの利用可能な水が非常に少ない乾燥地域から、多くの人びとが移動した。商人や専門職は市場町や港町に集中した。アッサムには、小農が耕作可能な土地を求めて移住してきた。熟練工は自分の製品を売る市場の近くに引っ越した。手織工は乾燥したデカン・トラップを去り、より水が確保されている遠く離れた西方の町へ行き、そこで工場経営者や工場労働者として再定住した[10]。また、農業労働者は、用水路入植地のような新たな耕作地帯に向かったほか、鉄道や建設業にも流入した。パンジャーブのような新興の農業地域では、地元の労働力が豊富ではなかった。

なぜ人びとは、故地からはるか遠く離れた場所まで働きに行く必要があったのか。結論から言えば、賃金が低かったのだ。では、低賃金の人びとがいる地域の近くに工場が移動しなかったのはなぜか。工場と労働者を雇う大企業にとって、都市に拠点を置く理由は多数あった。農村を避ける理由も一つあった。すなわち、農村では消費者が少なかったのだ。

*

消費の問題とはどのようなものだったのだろうか。

農業の季節性が大きくなるほど、農村での就労日数は短くなり、季節的な余剰労働力は増加する。

たとえば衣料品工場の投資家にとって、安価な労働力の利用可能性はチャンスになりえた。近世ヨーロッパや日本を研究する歴史家によれば、遊休状態にある安価な世帯労働力は、手工業を基盤とした工業化にとって有用な生産資源として活用可能であった。一九五〇年代、経済学者のW・アーサー・ルイスは、遊休状態にある農村労働力が有用な資源であるという経済発展の理論を構築した(11)。

しかし、モンスーン気候の乾燥地域には、この論理は適用できない。余剰労働力は資産というよりもむしろ重荷であった。農業がモンスーンに大きく依存し、一年のうち短期間しか収穫を生まない場合、平均収量は非常に低く、市場に出せる余剰もかなり少なくなる。そのため、繊維製品に対する地域需要も少なくなり、そのような場所では、地元の衣料品工場はビジネスとしてあまり成立しないだろう。乾燥地域では、農業を営むことは、期待収入の減少リスクにさらされることを意味する。季節変動が大きい農村経済地域は、貧困経済地域であった。産業やサーヴィスの発展においては商品需要が重要であったため、単に農村の家庭に安価な労働力があるだけではそれらの発展は生じなかった。産業は小さな町や港町で成長したが、農村部では盛り上がらなかった。農村の労働者や小農世帯が高品質の布を織りはじめることもなかった。先ほど引用した農業労働調査は、農村部では産業やサーヴィス業における年間就労日数が二〇日を超えることがほとんどなかったことを示している。

すべての農村地域がこのような低生産性と高リスクの条件に囚われていたわけではなかった。実際、商業的農業には成長がみられた。一八七〇〜一九二〇年にかけて、農業生産と取引は増加した。地域差はみられたが、農村所得も増加した。当該地域の小農と労働者は、多くの商品を購入するようになった。布の平均消費量は、一八四〇年の六平方ヤードから一九四〇年には一五平方ヤードに増加した。このような消費の増加は、都市部の布需要に頼るだけでは起こりえなかった。小農もまた、多くの布や良質の布を購入していたのだ。インドの農村地域の一部では、灌漑の拡大と農業の商業化にともなって収入が増加したため、布の消費が拡大したのであった。だが、その影響はすべての地域で強く発現したわけではなかった。

農村部では、消費が増加しても生産は増えなかった。農村は、非農業部門を発展させるのに最適な場所ではなかった。小農と労働者には、複雑な工芸スキルを学ぶ手段がなかった。カーストで分断された社会では、職人が彼らに〔工芸スキルを〕教えることはなかった。そのため、彼らは他の労働形態に移ることしかできなかった。カースト間の不公平とともに極端な季節性が存在することは、農村の工業化と相容れなかった。

季節的な失業は、移動する人びとにある〔移動〕パターンをもたらした。誰も土地を手放したり農繁期の収入機会を諦めたりはしなかった。季節労働——たとえば、建設やレンガ作りなど——の場合、年の一時期に家族ぐるみで移動するケースがしばしばみられた。通年労働の場合、男性が出稼ぎに向かい、女性は〔地元に〕とどまった。男性に偏って移住がみられたのは、女性が若くして結婚し、就労可能な年齢に達するのと同時期に世話が必要な子どもをもつことになったためである。(12) 男性は仕事を求めて港町に向かった。残された女性は農作業に参加し、臨時雇用の契約を探し求めた。植民地時代のインドにおける人口調査は、農業労働者の比率が継続的に上昇し、そこに占める女性の比率が上昇した傾向を示している。雇用統計の初期の分析者たちは、この傾向を経済的困窮の兆しとみなしたり、統計上の偶然として片付けたりしたが、実際にはどちらでもなかった。この傾向は、世帯が季節性に対処するために、その労働力の一部を外に送り出しながら、残りの労働力を維持していたことを示していた。

これらの移動が村落に与えた間接的な影響は大きかった。その例として、雇用契約を取り上げてみよう。

＊

〔季節労働にともなう〕循環移動が増加するにつれて、村落での雇用条件も変化した。さまざまな義務的労働が消えはじめた一方で、新たな形態の債務による拘束も出現した。義務的労働とは何か。年間百日を遊休状態で過ごす人びとでも、播種や収穫が行われる数日間は〔労働力として〕必要とされた。インドでは農繁期になると労働力不足がみられた。インドでは公式の奴隷制はほとんど存在していなかったが、南インドの乾燥地域では、農業奉公人の取り決めや債務による拘束がよくみられた[13]。この取り決めは、農業暦の数週間で必要な労働者を必死に確保しようとする雇用者にとって、保険のような役割を果たした。

植民地時代のインドにおける農業奉公人は、一様ではなかった。マドラスでは、彼らは土地を所有できないカーストに属していた。パンジャーブでは、農業奉公人は副業として耕作を行い、交渉にもとづく契約の下で働いていた。中央インドの一部では、農業奉公人は徒弟のような存在で、一家の娘にとって将来の婿候補でもあった[14]。驚くようなことではないが、マドラスは、これら三つのなかで最も乾燥していた〔地域であった〕。このような違いがあったにもかかわらず、こうした取り決めの背後にはある共通の動機があった。雇用者側の動機は、繁忙期の労働力不足を回避することであった。労働者にとってこの取り決めは、仕事がなく食料や水も不足する季節において、食料と水の保障を確約してくれるものであった[15]。これらの取り決めが飢饉の際にそのまま維持されたのか、それとも崩壊したのかは定かではない。

このような労働はカーストにもとづく点で義務的であり、奴隷制とまでは言わなくとも、しばしば農奴制に近いものだった。労働者は土地に縛られ、そこから離れることができなかった。これまでみてきたように、カーストは、水への権利を弱める要因となりえた。ゆえに、より確実に〔水に〕アクセスできる権利をもつ者と通年の取り決めを結ぶことは有益であった。このタイプの隷属状態は、専業化を意味しなかった。労働者は土地に縛られていたが、農閑期にさまざまなサーヴィスに従事することができた。経済学者は後にこれを「言いなり（beck and call）」の関係と呼んだ。これらの活動は奉公人が選ぶもののではなく、雇用主の指示で決まるものだった。これらは肉体労働や非熟練作業であって、最も基本的な道具やスキル以上のものを用いることはほとんどなかった。機織りや皮革加工のように、職人活動がポートフォリオの一部である場合でも、その仕事の質は専門の職人の手による製品よりも粗雑だった。

このように、季節性は農閑期における完全遊休を意味したのではなく、むしろ、さまざまな仕事に従事したり、雑用にも対応したりすることを意味していた。農業奉公人は、専門性のない「一般労働者」として働いた[16]。一八八一年の人口調査は、一般労働者を「体力以外にほとんど何も必要としない雑多な作業に従事する」人びとと定義した[17]。一般労働者は、専門性をもたず、農業と農業以外の労働を行き来しつつ、つねに肉体労働に従事する人びとから構成されていた。女性は非専門的な労働者であったので、一九世紀の人口調査では、彼女たちはしばしば一般労働者としてカウントされていた。

循環移動の機会が増えたことによって、一九世紀後半のインド農村部における雇用契約の平均期間は短くなりはじめた。農業労働者家庭における農業奉公人の割合はあらゆる地域で低下した。農業奉公人の契約が浸透していたマドラスでは、劇的な減少がみられた。植民地時代後期には一般労働者の規模も縮小したため、一九〇一年の人口調査では、この分類カテゴリー自体が使用されなくなった[18]。一九五〇年代以後、公的史料では、付属労働者という用語も廃止された。「(というのも)付属労働者は、もはや旧来の意味で特定の世帯に付属しているわけではない(ためである)。このような付属とは、現在では経済的条件に左右されるようになっており、一シーズン、あるいは最大でも一年を超えることはないかもしれない[19]」。

これらの取り決めが崩壊したのは、移動コストが大幅に下がり、他の選択肢を模索することが可能になったためである。それ以外の変化もあった。一九世紀末までに、以前よりも多くの最貧困層の人びとが、水が確保された都市環境にアクセスできるようになっていた。乾季において食料や水が不足した場合にそれらへのアクセスを保障するというのは、通年契約を結ぶにあたって一つの条件だったが、以上のような事情から、この条件は以前ほど強力に作用しなくなった。
一九四七年以降、この状況は変わったのだろうか。

*

一九四七年以降の労働市場制度にかんする優れた歴史研究は依然として少ない。一九四七年の独立前後においてすでに、工場労働者が都市に根を下ろしていたことはわかっている。それ以前からずっと、農産物や他の自然資源を加工する何百もの工場が特定の季節のみ稼働していた。建設作業は大幅に増加し、それにともなってレンガ生産も増加した。多くの季節労働者が建設作業に加わった。インドにおけるこのような労働形態にかんする研究はまだ進んでいない。例外的な学術研究は、季節性が雇用に影響を及ぼしていたことを裏付けている。[20] インドにいる膨大な数の自営業者と臨時雇用の非正規労働者の多くは、「いずれも繁忙期に合わせて、労働者を雇い入れたり、労働力を提供したりしていた」。[21] 循環型の出稼ぎにかんする研究は、循環移動が典型的な労働と生活のパターンであることを示唆している。実際、その規模は今も拡大しているかもしれない。これらの研究によれば、季節性が人びとを一年のある時期に仕事探しへと駆り立てたのである。[22] 一九八一〜九七年のグジャラート州にかんする民族誌的研究は、一九九〇年代末に季節移動が広範囲でみられ、移住者が仕事を求めて長距離移動していたことを明らかにしている。この期間に彼らが移動してきた地域は工業化をとげた。雇用者は現地で〔労働者を〕調達するのではなく、よりコントロールしやすい出稼ぎ労働者を調達することを好んだ。[23]

半乾燥地域で季節性は、遊休状態、自然資源の欠乏、一時的な苦難に対処するために債務を負うリスクなど、さまざまなストレスを生み出した。[24] 貧しい人びとは、ずっと貧しいわけではない。水が不足している地域では、豊作の年に儲けることができた人たちが、凶年になると再び貧困に陥ることがある。彼らは季節限定の工場や建設現場で働いたが、このような作業場は一時的なものであり、法的規則にしたがって運営されていない、あるいはそうした運営が不可能だった。常設の作業場は季節労働者を雇わなかった。言い換えると、働く人びとが増えても、多くの人が非常に厳しく危険な条件下で働いていたのである。近年まで建設労働者は家族とともに都市へやって来て、子供を現場の近くに住ませ、遊ばせていた。植民地時代でも独立後でも、インドにおいて移動可能であるとは、食料や水の欠乏を回避する手段、場合によっては子供を教育するための追加資金を稼ぐ手段を意味した。しかし、それは貧困を克服するための安全策ではなかった。

労働者は依然としてリスクを冒してでも賭けに出ようとした。〔他方で〕資本家は、賭けに出ることで失うものの方が大きかったが、彼らもまた季節性と対峙していた。

＊

一八七〇〜一九三〇年にかけて、鉄道と新たな灌漑プロジェクトのおかげで、インドの農業生産は五〇~一〇〇%増加した（第4章）。農作物取引の成長には、より大きな信用のフローが必要だった。一八七〇年と一九三〇年の間に、農作物取引に関連する信用の量は、実質的に二〇〇~三〇〇%増加した。同族企業として活動していた現地の銀行家たちは、ニーズに十分見合う信用を提供していた。これらの企業のほとんどは地域の商人たちと取引し、一部は小農とも取引していた。その一方で、都市に拠点を置く法人銀行や大規模な現地企業は、小規模な銀行家の資金ニーズに応えていた。

農村の人びとは、生産、流通、消費に向けた資金を調達するため、という三つの理由から借入をする必要があった。これらの活動はそれぞれ明確に異なっていた。生産と流通に向けた資金調達はともに季節的なものであったが、その季節は重なっていなかった。小農は、労働者や牛を雇ったり、種や用具、食料を買ったりするため、七月の播種期に借金をした。彼らは〔収穫後の〕一二月か一月にこの借金を返済した。通常、彼らの貸し手はプロの銀行家ではなかった。近隣の地主や裕福な農民、あるいは穀物商がこれらの貸付を担っていた。こうした人びとは、穀物取引に利害関係があった。貸付金が返済される頃には、穀物価格は七月よりも下がっており、貸し手はその価格差から利益を得ることができた。したがって、生産貸付金の利子を正確に計算するのは難しかった。二つ目の種類である商業信用は、一二月や一月に商人に提供され、数カ月後に返済された。この市場では、プロの銀行家が大きな役割を果たした。三つ目の種類である消費貸借は、他の二種類と比べて、あまり季節に左右されず、借り手の状況に大きく依存していた。とはいえ、収穫が悪かった年には、多くの人びとがこの理由で借入を求め、土地や宝飾品を売却して融資を返済した。本章で述べる金融市場のほとんどは、二つ目の商業信用に関係するものだ。

銀行業務が商品取引とより緊密に結びつくにつれて、金融市場に季節性が与える影響は大きくなった。インドの銀行業について初めて体系的な歴史を描いた一八六三年刊行のある研究では、季節(season)や雨(rain)といった単語が用いられていなかった。それに対して、一九二九〜三〇年にかけて州銀行調査委員会が収集した記録では、これらの単語が何百回も使われていた[25]。冬になると、銀行の現金準備の多くが商業信用に転換された。頂点銀行(apex bank)である〔インド〕帝国銀行(以下で論じるように、管区銀行から形成された)は、その準備金を保護するために利率を上げた。主な収穫期(一〜三月)には、資金需要がピークに達し、商人と小農の間での貸付金利は、既知の顧客でさえ一二〜二四%にも達するほどであった。四月までには市場は落ち着きはじめた。雨季(六〜八月)になると金利は急落し、小規模な市場と大規模な市場の間の資本移動が鈍化するにつれて、金融市場は〔一時的に〕分断された。

帝国銀行の金利は、他の金利に影響を与える一種の銀行の〔基準〕金利であり、季節ごとに大きく変動した。一八七〇年代には四〜一〇%の幅で変動した。法人向け銀行業務や手形市場が拡大するにつれて、季節的な影響はいくらか緩和された。金利のピークと底が接近して、一八七〇〜一九二〇年にかけて月平均の金利は下がった。このシステムに多くの資金が入り込み、季節をまたいだ資金循環は以前よりも改善した。とはいえ、資金需給の季節性が消えることはなかった。

支払手形や約束手形の市場があると、多くの人びとは資金を退蔵せずに貸し出すようになるはずである。有価証券法（Negotiable Instruments Act）のおかげで、手形は以前よりも多く流通し、法人向け銀行と地元の銀行家の結びつきは徐々に強くなっていった。とはいえ、その影響はわずかなものであった。農業信用の貸し手は、手形を用いて取引しなかった。彼らの顧客は手形を理解せず、また引き受けることもなく、審判所や割引窓口も遠く離れていた。地元の金融市場は現金のみを扱っていた。

金融市場の一般的な特徴をこえて、この市場内部はかなり複雑であった。たとえば、市場には、他の者とやや違って季節性に直面せず、また他者と同じような反応をみせない複数のアクターがいた。彼らは何者だったのだろうか。

*

〔インドにおける〕法人向け銀行業務は一九世紀前半に始まった。法人銀行には、外貨取引の認可を受けた外国資本の為替銀行、政府が株式の一部を所有している管区銀行、その他の銀行が含まれていた。また、信用協同組合、融資事務所、土地抵当銀行などもあった。管区銀行には、一八〇六年に設立されたベンガル銀行、一八四〇年設立のボンベイ銀行と一八四三年創設のマドラス銀行が含まれる。これらは政府の銀行として機能し、一九二一年に合併して帝国銀行を形成した。これらの銀行は国内取引と送金を扱い、現地の銀行家が発行した手形を引き受けた。そのほとんどは港町に拠点を置いていた。

インドの商人や地主は頻繁に銀行を設立した。景気の最悪期を切り抜けることができたのは、そのうちごくわずかであった。地元の貯蓄に依存していた小規模な銀行のほとんどは、高い確率で破綻した。これらの会社ではインサイダー融資が多発した。つまり、銀行の役員が自分や友人が所有する企業に融資していたのだ。法人銀行は他人の資金を扱っていた。強い規制をもたないシステムが詐欺や浪費を助長した。知り合い同士で構成された商人集団が銀行を設立すると、その所有者たちが関心をもつ同種の取引に必ず多くの資本が流れた。

高い破綻率にはもう一つ理由があった——もはや改めて言うまでもないが、極端な季節性である。これらの銀行の資産と負債の間には不均衡があった。貸付のほとんどは、季節性の影響を受ける事業に向けられていた。不作の年には、多くの貸付が不良債権になった。預金に対する利子支払いの義務は変わらなかった。出ていく資金は季節性の影響を受けなかったが、流入する資金は影響を受けた。もしある年に不作や未払いの負債のために銀行が損失を被ると、銀行が破綻するかもしれないという噂が広まり、取り付け騒ぎが起き、その結果、実際に破綻してしまうのである。

非法人の同族企業は、自分たちの貯蓄と利益にもとづいて事業を行っていたため、それほど脆弱ではなかった。実際、そのような銀行家のほとんどは預金業務に関与せず、したがって季節性の影響を受けない負債のみを引き受けた。現地の銀行企業は、何世代にもわたって事業を営んできた家系に属していた。その多くはもともと、ベナレス、マトゥラー、デリー、あるいはジャイプルといった陸上交易路や河川交易路に位置する町に拠点を置いていた。一八〜一九世紀に、これらの家族の多くは、ボンベイ、カルカッタ、そしてマドラスといった港湾都市に移住した。これらの銀行家は特定のカーストやコミュニティに属しており、そのなかでも著名なのは、ムルターニーやマールワーリー、ベンガルのサハ家、ナートゥコータイ・チェッティヤール、南インドのカッリダイクリチーのバラモン、ボンベイのジャイナ教徒やグジャラート人、アフガンのローヒラー人などであった。一九二〇年代の所得税を納税していたごく少数の者には、これらの銀行家の一部が含まれていた。

これらの企業のなかで最大規模のものは、輸出貿易に資金を提供し、他の銀行家に融資を行い、時には預金事業にも手を出し、季節性の影響も比較的受けにくかった。フンディ（hundis）と呼ばれる手形も扱っていた。フンディの通常の意味は、「銀行振出手形」や「約束手形」であったが、商人の為替手形がフンディと呼ばれることもあった。英領インドが制定した重要な法律の一つである一八八一年の有価証券法は、一部のフンディを対象としていた[26]。金融業者としての手形引受人の評判や、彼らが従う慣習法や慣例を保証としながら、法人銀行は彼らが発行するフンディの割引を請け負っていた。

農地に近い貸し手と借り手の間での取引は、多様性が乏しく、きわめて季節的であった。これらの当事者は、顧客が契約書を書けなかったり、手形市場にアクセスできなかったりしたため、現金で取引を行っていた。小農は十分な担保を提供することができなかったので、ほとんどの貸付は無担保であった。洪水や干ばつにさらされた貧しい借り手に対して現金で支払われた無担保の貸付は、高いリスクをともなった。したがって、農繁期の金利は非常に高く、通常で年間一二〜二四%まで上がったが、乾燥地域ではその三〜四倍に達した。農閑期には金利が四〜六%まで下がり、資金需要も減少した。貸し手は次の農繁期に備えて現金を蓄えていた。

このビジネスには二種類のリスクがあった。債務者のことを十分に知らないというリスク、つまり、経済学者が情報の非対称性と呼ぶものと、収穫期の出来栄えを予測できないというリスクである。経済学者は後者のリスクに名前をつけていない。それは、信用市場における気候リスクが十分に研究されていないためである。気候リスクは、多くの経済学者が研究し慣れている西洋諸国にとっては深刻な問題ではない。

情報の非対称性の問題は対処しやすかった。各集団の全構成員は、個人情報にもとづいて顧客を選んでいた。たとえば、現地の銀行家たちは、自分たちと同じカーストやコミュニティの構成員との取引では、金利を低く設定した。あるマールワーリーの銀行家は、「彼らは、自分たちの取引相手をよく知っている」と説明した。[27] 西インドにおいて、「現地の銀行システムの注目すべき特徴は、借り手の家族の歴史（を銀行家がよく知っていたことであった）[28]」。大口の取引では、ある程度の透明性が保たれていた。「現地の銀行家たちは、主に実業家や教育を受けた人びとと取引している[29]」。チェッティヤールの銀行家は、「顧客の価値と銀行業界での評判のみを頼りにして」金を貸していた。[30] カルカッタのヨーロッパ人の銀行家たちはヨーロッパ人の顧客と親しい関係にあったが、それは、彼らが日曜日に一緒にゴルフをしていたから、というだけではなく、顧客企業の帳簿を読めたからでもあった。インドの企業の多くは自社の帳簿を法人銀行家に見せようとせず、法人銀行家はその帳簿を理解できなかった。金利はこうした知識に依存していた。すなわち、「無担保貸付の金利は借り手の性格に依存していた」のである。[31]

しかし、多くのリスクは情報不足から生じたのではなく、季節性によるものだった。顧客の口座や信用にかんする情報がどれほどあっても、不作の季節というリスクを緩和することはできず、それによって債務者が破綻すると、貸し手も共倒れになった。不作となる季節を予測することは誰にもできなかった。現地の貸付のほとんどは無担保で、抵当も設定されていなかった。ベンガルのある銀行役員は、「このような貸付の五〇％は……最終的に回収不能になるとみなしても差し支えないだろう」と報告している。[32] この割合が誇張であったとしても、リスクが高かったのは間違いない。

大都市の銀行家たちは、このようなリスクを軽減するために多様なポートフォリオを組んでいた。彼らの顧客には、地主、倉庫所有主、個人的な信用が高い商人、貿易会社支店の代理人、茶農園、収益性の高い換金作物であるジュート・タバコ・唐辛子などを買い付ける商人、そして映画館や演劇界など都市サーヴィス業者が含まれていた。ボンベイやカルカッタの企業の支店であれば、為替手形を割引し、商業手形のような送金手段を発行していた。チェッティヤールの銀行家は、農閑期にラングーン、マラヤ、海峡植民地に資金を送金した。[33]

それとは対照的に、地元の銀行家たちは季節性のリスクに対する防衛策をほとんど持ち合わせていなかった。手形は銀行家間のレベル以下では流通せず、当時のインドの銀行業務に批判的な人びとは、取引需要に応じた貨幣供給の「非弾力性」について不満を述べていた。[34] フンディが穀物商人と銀行家の間で使われることはほとんどなかった。一部が法制化された他の慣習的な手段と同様に、フンディの引受は個人的な知識や担保に依存していた。ただし、その知識の及ぶ範囲には限界があり、法律もあいまいであった。「フンディの法的定義はない[35]」。裁判例が示すように、契約の履行は、しばしば特定の状況におけるフンディの意味に左右された[36]。フンディは書面に記された町でのみ換金することができた。ほとんどの銀行家は、直接見知った名宛人でなければ、フンディを引き受けなかった。貸し手が多様なプロファイルをもっており――その多くはあまり財産のない商人と銀行家だった――、また地域ごとの慣習に大きな差異があったがゆえに、手形に対する適切な法的枠組みの設計は気が滅入る事業となった。したがって、金融システムは、季節間や異なる種類の借り手の間に信用を行き渡らせるには不十分なものであった。

そのため、地元の銀行家は現金取引を行っていた。「現金需要が高まる繁忙期には、銀行家はなるべく多く現金残高を保つようにしている[37]」。ほとんどの貸付は無担保だった。担保付きの貸付であっても、抵当資産の取得権を得ることは容易ではなかった。土地の抵当取引は、いくつかの州で土地の譲渡を防ぐ法律の規制を受けていた。これらの法律は、役人たちの間で広まっていた不安感に起因していた。彼らは、植民地の契約法は金貸しに権限を与える一方で、税を支払う小農を弱体化させたと感じていた。この感情に駆られて、法制度は債務者フレンドリーなものとなり、債権者は債務訴訟を解決する際に高い取引費用を負担することになった。このように抵当市場を制限することで、法律は、抵当証書が取引可能な証券ではないことを保証していた[38]。銀行家の防衛策は、天候、顧客の貧困、契約履行のコストなどあらゆる種類のリスクを繁忙期の金利に上乗せし、この時期の金利を高い水準に引き上げることだった。

このように季節性に縛られた金融市場は、農業以外の事業を支えるべく投資を行ったであろう多くの種類の借り手を排除していた。以下では、この症状が露わになるいくつかの事例について論じよう。

*

「現在（一九二〇年代）では、銀行と産業は完全に分離している」[39]。事業が成長していたにもかかわらず、法人銀行も同族企業も近代的産業に資金を投資しなかった。なぜ投資しなかったのだろうか。産業は長期の信用を得るため、誰に頼ることができたのか。

カルカッタの大企業は株式を発行し、自らの準備金を投資のために使っていた。また、運転資金を調達するために法人銀行から借入を行っていた。ボンベイやアフマダバードの企業は、現地の銀行家からより首尾よく預金を集めていた。自由運動の余波で、ベンガルではいわゆるスワデーシー、すなわち民族主義的な銀行がいくつか設立され、産業融資に乗り出したが、そのほとんどは失敗した。したがって、中小企業は、友人や親族、あるいは顧客から借入を行っていた。

このような企業が何らかの特別な投資を行うには、危険なほど高い金利で借り入れる必要があった。例を挙げてこの問題を説明してみよう。アッサムでは、茶農園はヨーロッパ系企業に所有されていたが、ベンガルのデュアーズ地方では、小規模の茶農園がベンガル人の専門家によって所有されていた。どちらの茶農園もカルカッタのオークションで茶を販売していたが、ベンガル人の茶農園は資金調達が難しかった。大規模な茶農園は自社の茶をブランドとして確立し、銀行や茶のオークション会社から資金提供を受けることができた。ブランド茶を作っていない生産者には、オークション会社に対する影響力がほとんどなかった。彼らが資金を借りる時には、マールワーリーの銀行家から農繁期並みの金利で借りることになった[40]。

なぜ銀行家は、長期の融資を行う代わりに、一年の数カ月間にもわたって資金を遊ばせておくことを選んだのか。彼らの知識ネットワークには、商品取引業者は含まれていたが、実業家は含まれていなかった。産業への投資は資本を固定化してしまうが、どの銀行家も農繁期に大もうけするチャンスを逃したくなかった。貸付のための資金が豊富にあっても、農閑期には「これらの資金を利用することはできなかった……(農繁)期に(銀行家が)資金を必要とするからである[41]」。

一九四七年以後、金融市場に何が起こったのか。

＊

一九五〇年代、季節性にかんする懸念は公的な言説には表れなくなった。農村の信用調査やインド準備銀行(一九三五年設立の中央銀行)の文書では、季節性が認識されていたが、それは生活の一部として言及されていた。準備銀行はいくつかの調査を委託し、商品価格の季節性を測定しようとした。これらの調査は、季節性の程度が減少したのか、それとも変わらないままであったのか、という点については一致した結果を示さなかった[42]。これらの調査はいずれも、銀行の流動性管理や貨幣需要の推計のような技術的課題との関連以外で、季節性が問題である理由について言及していなかった。

この欠落には理由があった。一九五〇年以降の一連の動きのなかで、商業活動も銀行業務も国有化された。地元の銀行企業のほとんどは姿を消し、これらの銀行に関わっていた人びとは転職した。民間の貸金業も多くの規制法の下に置かれた。金利は管理され、季節による変動は公式に廃止されたと経済学者たちは信じていた。一九八〇年代には、マイクロファイナンス機関が、それまで非公式な貸金業者が担っていた事業のいくつかを引き継いだ。非公式の金融市場は消滅したわけではなかったが、非常に目立たなかったため、政府や中央銀行は把握できず、その関連情報を集めることもあまりできなかった。

言うまでもなく、季節性は消えていない。インドでは今でも、収穫期になると現金や金の取引が増加する。この農繁期は祭祀や結婚式と重なるからである。インドの大衆紙では、公的な金融が進展しているにもかかわらず、貸金業が生き残り、その事業をオンラインで展開することでさらに繁盛しているといった記事が数多くみられる。しかし、これらの記事のほとんどが、お金の多くがどこに向かっているのか、すなわち消費目的なのか、あるいは投資目的なのかを示していない。

＊

熱帯モンスーン気候における農業は、労働と資本を極端な季節性にさらしてきた。季節性は、失業、貧困、投資不足を強いるものであった。これらの状況は一九世紀後半以降かなり緩和された。都市と商業的農業が農村人口の一部を新たな仕事へ引き寄せた。しかし、この傾向は不平等を拡大させた。男性の方が多く移動した。農業労働者よりも小農の方が工場に働きに出ることが多かった。農村の消費が増加するにつれて、新しい消費財はスキルの結晶であったため、専門職の職人が恩恵を受けた。その一方で、一般労働者や農業奉公人がこれらのスキルを身につけることは難しく、他の形態の労働に就くことになった。

　商業的農業の成長も同じく、金融市場に不平等な影響をもたらした。労働者と同様に、銀行家も移動して、農業に深く関与するようになった結果、季節性により激しくさらされるようになった。ある短期市場は利用可能な資金のうち非常に大きな部分を吸収したため、他の潜在的な資金利用者を閉め出す《クラウド・アウト》ことになった。長期融資の信用市場は未発達で、一年以上の期間にわたる融資は見つけにくかった。一シーズン以上の期間にわたる融資では、貸し手は黄金の宝飾品などの担保を求めた。多くの州では債務法が土地抵当市場を機能不全にさせていた。季節性に対処しなければならないため、銀行は工業化に対して資金提供するのに適した主体とはいえなかった。金融の近代化は進んだものの、一方では農業金融に縛られており、他方では法的規制は不完全でしばしば反動的な役割を果たしていた。

　第2章から第7章では、経済変化にかんする物語を展開してきた。第8章では、近代史における地理的影響《エージェンシー》というテーマ、すなわち、熱帯モンスーン経済の概念に戻る。地理的条件が経済変化に広範かつ大きな影響を及ぼしているなか、経済変化の歴史はどのように記述すべきなのだろうか。第8章では、この問いに答えよう。

第8章　モンスーン経済

熱帯モンスーン地域において地理的条件が経済変化に及ぼした影響を知りたい人びとに対し、本書はさまざまな教訓を提供してきた。それは甚大かつ体系的な影響で、南アジアや世界の長期的な経済変化を論じる際、この影響を見落としてはいけない。

本書には、方法論上の含意もある。私が主張したいのは、そもそもなぜ地理が意味をもつのかを知ることが重要であるということだ。そしてそれは、環境の変化と経済成長の持続性を理解し、議論する方法にかんしても大きな意義をもつ。最終章では、これらの教訓について取り上げる。

まず、要約から始めよう。

＊

南アジアの人びとは、熱帯モンスーン気候を持続可能な経済成長および人口成長にとっての障壁として経験してきた。一八五〇年以前の生活や労働は、広範な失業や干ばつのリスクをともなう気候パターンに左右されていた。モンスーンのおかげで、この乾燥地域は農業を行うことができた。しかし、降雨に依存した農業は短い雨季に左右され、この状況では農閑期には失業が避けられなかった。干ばつのリスクは、過度の熱に対して降雨量や降雨時期が大きく変動することから生じていた。これらの条件がこの広大な地域全体に均等に影響を及ぼしていたわけではなかった。沿岸部では、このようなリスクの影響があまりみられなかった。インダス河・ガンジス河の流域およびデルタ地帯は、集約農業により適した条件を備えていた。しかし、これらは標準的ではなく、他の地域における災害は、それほど脆弱でないこれらの地域にも影響を及ぼす可能性があった。

商取引、技術、都市化、植民地主義、自由と平等を求める闘いなど、一九世紀に世界経済を変容させた力は、生活や仕事に対する上記の制約を弱める一連の介入を可能にした。これらの介入によって、農業や消費のための制御可能な水源は公共財あるいは準公共財となり、そのおかげで、食料を生産し、人口増加を支え、都市の成長を引き起こす経済力が高まった。化石燃料の採取が西ヨーロッパの経済的興隆に一役買ったように、こうした水の採取とアクセスはインド経済史において重要な役割を果たした。大規模な水プロジェクト、飢饉政策における食料から水への焦点のシフト、立法、水への平等なアクセスを求める運動、移住コストの低下、金融制度の発展などが経済革命を可能にした。人びとはより長生きになり、仕事を求めてより頻繁に移動するようになった。

この巨大な成果は代償をともなった。水に依存した経済変化を可能にする介入は、ストレスを生み出した。水利権を以前よりも包括的なものにしたことは、人びとの命を救ったが、貴重な資源の枯渇をより招きやすくなった。移住によって、遊休状態にあった人びとが季節労働から通年の仕事へと移ることが可能になったが、すべての人がそうできたわけではなかった。ジェンダーやスキルによって、多くの人びとの選択肢は制限された。これらの要因が与える持続的な影響のために、二一世紀の南アジアでは水ストレスと不平等がいっそう大きくなっている。

気候変動によって、成長は持続不可能になるのだろうか。

*

環境の役割を意識して描かれた経済変化の歴史を通じて——そうした歴史を描くことを本書では目指した——、過去は未来と出会うことになる。環境の質が世界的にどのように変化しているのかを測定する際、現在では土地の概念に水も含まれている。土地の質的変化をめぐる測定では、バイオマス、生物多様性、土壌の質、そして水という要素が一体となって、人口増加を支える土地のキャパシティを示しているが、このキャパシティはこれらのいずれの要素も劣化することなく維持されていることを前提としている。世界の乾燥・半乾燥地域では、もともとこのキャパシティが低いため、人口増加と自然資源に依存した生計の拡大は常に不安定なものになった。気候変動は、この方程式にさらなる不確実性の要素を加えている。

国連食糧農業機関（Food and Agriculture Organization, FAO）とその協力者が策定した政策およびデータツールである「乾燥地における土地劣化の評価（Land Degradation Assessment in Drylands）」によれば、気候を考慮した場合、南アジアの大部分は、中程度から高度の劣化が進行している低キャパシティ地域に分類される。[1] インダス河・ガンジス河流域の東部は中程度から高度の劣化がみられる高キャパシティ地域であるが、デカン高原の大部分、グジャラート半島およびパキスタンは、世界で最も脆弱な地域に含まれる。これらのグローバルなデータは、本書の関心に直接結びつくものではない。しかし、生態系を維持する土地のキャパシティの低さが南アジアの構造的かつ継承された条件である点は、本書がここで扱っている経済プロセスや水の利用プロセスが持続可能でないかもしれない理由を示すうえで、決定的に重要である。

これらの持続可能性をめぐる課題は、地球温暖化によって深刻化するのだろうか。地球の気温上昇が熱帯モンスーン地域の水に与える影響にかんする予測は、決定的なものではない。しかし、過去一〇年間のインドにかんする研究の多くから、ある傾向がみえてくる。たとえば、河川の流量は五〜七月にかけて増加し、乾季には現在の水準を下回ることが予想されている。ヒマラヤの雪解け水は増加し、モンスーンはより多くの雨をもたらし嵐が増え、夏はさらに乾燥するはずである。[2] これらの予測は、不確実性がいっそう増し、季節変動がより急激になることを示唆する一方で、一様に水不足が深刻化するとも、豊富になるとも言えない。全体として、平均的な水へのアクセスや水ストレスにどのような影響を与えるのかを予測するのは難しい。

二次的な影響も予想される。気候の温暖化と季節間の降雨量の変動は、例年よりも暑い夏やより強く長期化したモンスーンを引き起こし、現在の作物栽培体制を混乱させるはずである。たとえば、モンスーンの降雨を用いた稲作はより難しくなる一方で、地下水を利用した夏の稲作がさらに拡大するかもしれない[3]。私が示したように、稲作はすでに地下水位に壊滅的な影響を及ぼしている。

必ず起こるのは、地下水への依存が高まることである。乾燥化が進めば、モンスーン後の河川の流量が減少するため、地下水への依存が高まるはずだ。南インドの人造湖、つまり溜池《タンク》のような既存の貯水システムの一部は、維持が困難になるか、維持費が高騰することが考えられる。現在想定されるモデルからは、帯水層の涵養能力がどのように変化するのかについてはあまり分からない。この能力の変化がもたらす影響によって、〔地下水に対する〕ストレス全体が大きく左右されるだろう。

未来から過去へとさかのぼり、歴史家が熱帯モンスーン経済からどのような教訓を学べるのか問うてみよう。世界の乾燥地域の多くは、〔地理的環境の〕キャパシティの低さと劣化の激しさにほとんど苦しめられることがない西ヨーロッパや北アメリカとは構造的に異なっているため、経済成長を生み出す能力について世界諸地域間で比較することは非常に難しい。しかし、経済史家は、この課題がどれほど困難なものか自覚していない。方法論的な教訓に進むにあたり、まずは経済史の話をしよう。

＊

経済史では、成長と不平等の根源を探求する。わくわくする研究活動ではあるが、その方法に欠陥がないわけではない。経済史家はしばしば、なぜ一部の国々が一九世紀初めから豊かになった一方で、他の国々は貧しいままであったのかを問う。この時期に、貿易や外国投資、そして工業化が平均生産性を飛躍的に増大させた。経済成長、すなわちその進歩や後退を測定する指標は、平均所得あるいは一人あたりの所得である。

この問いに答える一般的な方法は、まず西ヨーロッパ諸国が平均所得を向上させることに成功した理由を説明することである。ヨーロッパ中心の成功語りで武装した歴史家は、ヨーロッパ人がなしとげた一方、他の社会ができなかったことを示すことによって、西ヨーロッパ以外の諸地域が所得を向上させられなかった理由を説明する。この答えは、資本主義の制度の発見から、世界の他地域に対する軍事力や海軍力の行使能力に至るまでさまざまで、これら二つのテーマのなかにも多くのヴァリエーションがある。いずれの事例においても、世界の他地域はヨーロッパと比べて機敏さに欠けるもの（less agile）として描かれる。

この手法には欠陥がある。というのも、比較対象となる地域間で地理的条件が十分に類似している、と仮定されているからだ。世界の諸地域における地理的経験が異なっていれば――すなわち、ある地域では経済成長を促進する要因として、他の地域では経済成長を妨げる要因として地理的条件が経験されていれば――、ある事例が他の事例にとって有益な教訓を与えることにはならない。地域によって地理的条件は大きく異なる。世界の大部分は乾燥している。西ヨーロッパ、日本、そして北アメリカは例外である。それ以外の諸地域では、社会が水を制御する能力は、人口増加や経済成長を生み出す能力を決定づけた。確かに、西ヨーロッパ、北アメリカ、そして日本では、近代において経済成長がみられた。それは幸運だったと言えよう。これらの地域では、水の飢饉という脅威から命を守る心配をする必要がなかったからだ。そこに謎《パズル》はない。しかし、その他の諸地域は不運であった。差し迫った課題とは、突発的かつ深刻な水不足による死を防ぐことだった。したがって、厳しい水資源の制約に直面している地域の経済的台頭こそが、グローバル経済史の本当の謎なのである。

このような本書の主張は、次のような批判を招くことになる。すなわち、インド内部でも、乾燥地帯ほどの水の飢饉や季節性の脅威に直面しなかった地域はどう考えるのか、それらの地域は豊かになったのか、というものである。実際のところ、水の安全保障は所得の増加にとって必要条件ではあっても、十分条件ではなかった。さらに、水に恵まれていたインドの地域は、表流水が豊富であったが、モンスーン気候の環境では、表流水への依存は洪水のリスクをともなった。植民地時代のほとんどの期間、水が豊かなベンガルでは飢饉が発生しなかったが、多くの洪水が発生した。しかし、洪水は資産を破壊する一方で、飢饉ほど多くの人びとを死に追いやることはなかった。その結果生じた人口増加は、限られた土地に強い圧力をかける一方、土地の生産力を向上させることはなかった。土地改良への投資という選択肢は高額の費用がかかり、ダムの技術は、デルタ地帯の柔らかい土壌や平坦な土地にはうまく適応できなかった。水の利用を制御することが集約農業にとって必要である、と私は主張してきた。だが、(一九八〇年代まで)多くの場所における小規模な灌漑システムはこの条件を満たしていなかった。

これらの指摘によって、経済変化の測定は経済史家が考えるよりも複雑なものであることが明らかになる。ほとんどの経済学者は、平均所得や一人あたり所得によって望ましい経済変化を測定する。平均とは、総所得を人口で割った値である。もし社会が死亡率を減らし、寿命を延ばすことに成功すれば、その平均値は低下する。経済史家は、そのような社会を悲劇的な失敗とみなし、その悲劇を説明する際に、ヨーロッパで生じた何らかのポジティヴな要因が貧しい国々ではみられなかったことを引き合いに出す。その理由としては、これらの社会があまりにも後進的であったか、それらの地域を支配していたヨーロッパの帝国主義者が西洋文明の恩恵を与えなかったからだとされる。

本書はこれらの陳腐《クリシエ》な説明を否定する。私は、より長い寿命をもたらした活力《ダイナミズム》を、経済的台頭の第一条件と呼ぶ。インドは、近代の飢饉の時代前後から、この条件を満たしはじめた。水不足が緩和されたことで、飢饉や病気が減少した。このような大きな改善があったにもかかわらず、制御可能な水へのアクセスの進展は限定的で、集約農業は十分に拡大しなかった。耕作地の生産性は低いままで、平均所得の曲線も横ばいであった。それでもなお、水の影響力《エージェンシー》を変えることで、インド人は、ヨーロッパにはみられなかった問題を解決したのである。

水の制御をパフォーマンスの基準《ベンチマーク》とすべきだという提案は、ヨーロッパ・アジア間の不毛な比較からグローバル経済史を解放し、より乾燥した地域間での比較を可能にする。たとえば、世界の蒸発量マップをみると、乾燥した熱帯地域、いわゆるモンスーン・アジア、そして南アジアやサヘルのような熱帯モンスーン地域は、水の制御能力という点でいくつかの類似点や相違点を共有していることがわかる。これらの地域の経済〔発展〕径路も異なっていたのだろうか。これらの径路には、相違点よりも類似点の方が多かったのだろうか。その相違点は地理的条件に由来していたのだろうか。植民地主義やグローバル化は、これらの地域に異なる影響を与えたのだろうか、それとも同様の影響を与えたのだろうか。

さらに本書には、ストレスと持続可能性《サステナビリティ》にかんする議論に対するメッセージがある。

*

水を制御する力によってより多くの食料を栽培できるようになると、そのおかげで人口は増加し、働き口も増えた。このプロセスは、コモンズに対してさらなる圧力をかけることになった。水資源が乏しい社会における経済成長は、水資源が豊富な社会が直面しない持続可能性の壁に直面する。本書の文脈で持続可能性とは何を意味するのだろうか。それはもちろん多様な概念である——すなわち、地理的条件によって意味も異なってくる。多くの場合、この言葉は、抑制の効かない私的な欲望（資本主義）が生物多様性を破壊し、大気汚染を招き、気候変動を引き起こす、という物語《ナラティヴ》を想起させる。しかし、私の持続可能性にかんする説明は、本来なら防ぐことができる、欲望に駆動された地球規模の災害に関するこうした物語とは共通点がない。

この特定のタイプの物語は感情を支配している。それは、ストレスにかんする現在の議論の多くが、コモンズの悲劇というレトリックに囚われたままであるからだ。この問題について、ギャレット・ハーディンの定義から生まれた格言がある。すなわち、「コモンズの自由は全員に破滅をもたらす」というものだ。この格言は、社会運動の形成に大きな影響を及ぼし、市場主導の経済変化はコモンズを脅かす、という信念を強めた。資本主義は地球を破壊しており、その脅威は現実のものだ。それでも、その脅威が顕在化するたびに悲劇という言葉を使うのは正しくない。熱帯モンスーン地域の水ストレスについては、この言葉は不適切である。この地域では、「コモンズの自由」は、多くの人びとの生存の可能性を高め、一部の人びとには繁栄をもたらした。[4] 水へのアクセスを拡大することは、アクセス権の意図的な民主化と、隔離、不公平、不平等を容認していた旧習の変革をともなっていた。それは実質的な意味での「自由」であって、ハーディンの言う意味での自由ではない。それは、基本的な人権へのより自由なアクセスとしての自由なのであって、破壊する自由ではない。

水へのアクセスと人間の自由が同等であるというこの考え方は、熱帯モンスーン地域における持続可能性が多くの活動家の認識よりもはるかに複雑な問題であることを示唆している。彼らは、温室効果ガスや過剰消費に執着するあまり、水にかんする異なる種類の課題に気づいていない。乾燥地域では、厚生と環境との間でトレードオフが生じる。水ストレスにさらされている人びとに対して消費を減らすように求めることは、問題への説得力のある解決策にはならない。協同や規制が必要なのはもちろんであるが、たとえば点滴灌漑などを背後で支えている、科学や資本主義も必要なのである。

訳者解説

本書は、Tirthankar Roy, *Monsoon Economies: India's History in a Changing Climate*（Cambridge, MA: MIT Press, 2022）の日本語訳である（以下、「本書」と記す）。

著者ティルタンカル・ロイは近現代南アジア経済史を専門とし、現在、英国ロンドン・スクール・オブ・エコノミクス・アンド・ポリティカル・サイエンス（LSE）経済史学科の教授職を務め、これまでに多数の著作を発表している。そのうち、二〇一二年に刊行された学部生向け概説書である *India in the World Economy: From Antiquity to the Present*（Cambridge: Cambridge University Press）は、二〇一九年に邦訳版が刊行されている（水島司訳『インド経済史――古代から現代まで』名古屋大学出版会、二〇一九年）。同訳書の「訳者解説」では、南アジア経済史の専門家のなかでの著者の立ち位置が詳しく紹介されているため、参照されたい。

さて、本書のタイトルからは、世界のなかでモンスーン（季節風）の影響を受ける地域経済の一つとして、インドに照準が定められていることがうかがえる。マサチューセッツ工科大学出版局（MIT Press）から初版が刊行された翌二〇二三年には、ペンギン・ランダムハウス（Penguin Random House）からインド版が出ているが、こちらのタイトルは『モンスーン経済――自然を支配することの代償』（*Monsoon Economy: The Price of Conquering Nature*）となっている。インド版では、「モンスーン経済」を単数形で表している点が特徴である。著者によればこの違いは、マサチューセッツ版が世界各地の読者を対象にしているのに対して、インド版はインド人が主な読者になるため、単数形にすれば自分たち（インド）の話をしていると理解してくれるからだという。

本書で著者は、水資源や乾燥状態、モンスーンなどの地理的条件と、近現代南アジアの経済発展の関係を論じ、その持続可能性を展望している。広義の地理的条件——環境条件を含む——が経済成長および経済発展に及ぼす影響については、これまでもすでに多くの研究者が論じており、近年もあらためて注目が集まっている。(1) 本書は、熱帯のモンスーンにより生じる季節性（季節変動）が経済変化にもたらす影響に着目しながら、南アジアのデカン・トラップに代表される、熱帯の乾燥地域における経済発展の特徴を描き出している。

日本から東南アジア、そして本書が主たる関心を寄せる南アジアに至る地域が、広義のモンスーン気候に属していることは一般に知られている。(2) しかし、第1章で指摘されているように、南アジアの乾燥地域では、モンスーンの影響で短い雨季と顕著な乾燥状態が経験され、これこそが温帯に位置する日本とは異なる、独特の気候条件を生み出す要因になっている（本書七〜八頁——以下同）。この地域は、デカン・トラップの経験が物語るように、ひとたび「モンスーンの失敗」が生じると深刻な雨不足に陥り、多くの人びとが飢饉や貧困の脅威にさらされてきたが、この地域を襲った飢饉は主に水不足に由来する「水の飢饉」であった（第2章）。

一九世紀後半にデカン地方をたびたび襲った飢饉を契機として、植民地行政は救済活動に乗り出し、井戸の整備が進んだ。水の分配は改善されたとはいえ、水へのアクセスがすべての人びとにとって等しく改善されたわけではなかった。カーストにもとづく不平等が存在していたためである。このような状況に対し、農村部におけるアンベードカルの政治運動に象徴されるような、水への平等なアクセス、すなわちその民主化を求める闘争が展開された（第3章）。平等なアクセスを実現するには、水が公共財として認識される必要があった。法的な側面ではパブリック・トラストの原理が重要な役割を果たし、これと並行して展開した用水路やダムの建設などの灌漑プロジェクトもまた見逃せない背景となった（第4章）。

都市部の状況は農村部とは異なっていた。とりわけマドラス、ボンベイ、カルカッタなどの港町は、内陸の乾燥地域と異なり、水に恵まれ、季節性の影響もあまり強く受けなかった。都市部における水の安定的な供給や就労機会は、水不足に見舞われがちな地域から移住者——季節労働者（出稼ぎ労働者）を含む——を引き寄せる要因となったが、それはまたコレラやマラリアなどを蔓延させる背景にもなった。このような状況は、それぞれの自治体が主導する給水システムなど、都市インフラの整備を促した。公的な水供給をはじめとする行政当局の対応によって水へのアクセスは改善した。だが、これは地下水の過剰利用といったコストをともなった。すなわち、水ストレスの増大を招いたのだ（第5〜6章）。著者が強調するように、南アジアの近代史では、水の安定的供給と持続可能性の間でトレードオフの関係（二〇〜二一頁）が生じていたのである。

近年のグローバル経済史研究では、ケネス・ポメランツの大分岐論をはじめ、西ヨーロッパとアジア（主に中国と日本）の経済発展の歴史を比較する試みが積み重ねられてきたが[3]、そこで主な比較対象となる地域は温帯に位置しているか、あるいは南アジアが含まれても、温帯と熱帯との地理的条件の違いはあまり意識されていなかった。

しかし、杉原薫がつとに指摘しているように、温帯では経済成長（生産性の向上）が実現しやすい基盤が整っているのに対して、熱帯では温帯とは異なる初期条件がみられた。現在の世界人口の大半が広義の熱帯諸地域に集中し、今後もこの傾向が続くことを踏まえるならば、地球社会の将来を展望するうえでも、熱帯諸地域の発展径路を解明し、その持続可能性を問うことは、現在を生きている私たちにとって喫緊の課題であろう。また同時に、温帯を基準とした思考枠組《パラダイム》みからの転換も求められるだろう。それを実践するにあたり、杉原は、土地、資本、労働といった従来の三つの生産要素に加えて、水とエネルギーを考慮する必要性を提唱している。すなわち、環境史と経済史の融合である[4]。清潔な水への安定したアクセスの確保、およびモンスーンの季節性への対処という問題の解決が、南アジアの経済成長にとってのボトルネックであったという本書の指摘は（二〜三頁）、そのような方向性とも強く共鳴するところがある。

水を取り上げた環境史の研究はすでに多くみられ、昨今でもスニール・アムリスの著作『水の大陸アジア』が話題となった[5]。そこでは、モンスーンと水が南アジアや中国などに及ぼした多面的な影響が論じられている。モンスーンや気候、また水へのアクセスをめぐる人びとの格闘に注目している点は、本書の関心とも重なる。アムリスの著作では、水との格闘を通じて獲得された知識が気象学の発展に寄与する一方で、ダムや放水路の建設にも結びついた点など、近現代のアジアにおける水の役割が多面的に論じられている。

とはいえ、アムリスは南アジアの経済発展の歴史を詳しく論じているわけではない。この点に本書の独自性を見出すことができる。たとえば第7章では、極端な季節性が、出稼ぎ、生計手段のポートフォリオ、利子率の変動など、人びとの移動や経済活動に及ぼしてきた影響が活写されている。本書を通読すると、水やモンスーン気候を軸として、南アジアの人びとの水へのアクセスをめぐる闘い、市場、カーストにもとづく不平等、法、植民地国家や独立後の国家の役割、都市と農村、そして現在へと至る経済発展の特徴――そして発展の持続可能性をめぐる課題――などが複雑に絡み合っている様子が理解できる。

ところで、本書の著者であるティルタンカル・ロイは、どのような経緯で熱帯の乾燥地域のモンスーン気候に関心を抱くようになったのだろうか。本書の起源にもかかわる話であるが、訳者が著者にたずねたところ、そのきっかけは著者が開発研究所（ケーララ州トリヴァンドラム（現・ティルヴァナンタプラム））で大学院生として過ごした時期までさかのぼるという。寮で出会った南インドの乾燥地域出身者との交流を通じて、彼らの地元での日常生活が、著者の故郷であるベンガル――緑と水に恵まれた地域――での経験と大きく異なっていることを著者は学んだ。また、当時彼らが読んでいた経済学のテキストの大半は、ベンガル人の経済学者によって書かれていた。そこでは土地所有（権）

が重要な問題として取り扱われる一方、水の制御やアクセスは見落とされていた。この偏りは、水不足が深刻な問題となっていないベンガルの地理的特徴に起因したものだった。これもまた、著者が水の問題を探究する動機になった。

その後の著作のなかで、著者は折にふれて、南アジアの経済発展における水の重要性——水資源の稀少性——を論じてきた。この問題に対する関心は、近年になるにつれて高まってきたように思われる。たとえば、彼の代表作の一つである *The Economic History of India* の初版（二〇〇〇年）では、第三章「農業と共有資源」の「成長と停滞の説明」と題する節のなかに、資源賦存状況を取り上げた項目がある。そこでは、水と土地がインドでは稀少資源になっていること、地域によって降雨状況と人口密度が異なり、稲作などに影響を及ぼしていることなどが簡単に触れられている。また、第八章「政府の役割」には「灌漑」の項目が設けられており、一九世紀以来の灌漑プロジェクト（用水路灌漑）とその経済的影響が論じられている。[6] 本書第4章の素描ともいえよう。

The Economic History of India の第二版（二〇〇六年）では、第四章「農業」において、水と土地（土壌）がそれぞれ独立項目となっている点は注目に値する。水の項目では、用水路と井戸による灌漑が主に論じられている。その一方で、灌漑の項目は第九章「インフラストラクチャー」に収められ、パンジャーブ地方の用水路にかんする囲み記事が加えられている。[7] 第三版（二〇一一年）ではこれらの項目に大きな変化はみられないが、上記の囲み記事は削除されている。さらに、索引に「水（water）」および「(水の）管理（management)」が新たに登場しているのは、著者の水に対する関心の高まりと

みなすこともできよう。[8] この間、モンスーン気候にともなう環境的制約から緑の革命以前の農業を再検討した論文も発表している。[9] 著者の学術論文のなかで、水の問題を大きく取り上げた最初の論文の一つである。

そして第四版（二〇二〇年）では、第二〜三版にあった「水」の項目こそ「生産条件」へと変化したものの、内容に目立った変化はない。灌漑にかんする項目の記述も維持されている一方、第一〇章「人口」の「飢饉」の項目で、不安定なモンスーンの降雨による水供給のリスクこそが、一九世紀のインドにおける飢饉の原因になっていたことが新たに指摘されている。これは、飢饉の原因を人口過剰に求めたマルサスとは異なる説明であり、本書第2章に通じる論点でもある。索引では、第三版で登場した「水」および「(水の) 管理」にかわって「水供給 (water supplies)」が挙げられている。[10]

本書は以上のような問題関心の高まりのなかで誕生した。本書では基本的に南アジアを対象とした議論が展開されているが、著者はその後さらにスケールを広げ、インド以外の熱帯の乾燥地域も視野に収めた研究を進めており、まもなく水と経済発展の関係を論じる単著を刊行する予定である。[11]

本書の翻訳は、二〇二一年一二月下旬に名古屋大学出版会の三木信吾さんが、原著のゲラを抱えて訳者の研究室にお見えになった時までさかのぼる。その際、三木さんより翻訳の可能性を相談されたが、他にもっと優れた適任者がいるはずだろうと思い、その場では即答できなかった。しかし、いざゲラに目を通しはじめると、じつに著者らしい率直な文体と鋭い議論に惹き込まれ、圧倒された。熱帯における水の問題と、経済発展の持続可能性というテーマのもつ現代的意義は明瞭に伝わり、無謀ながらもやってみようという気になった。かつての指導教授への恩返しをしたい、という個人的な気持ちもあった。

恩師の最新刊を翻訳する機会を頂戴したことは、大変な名誉であったが、いざ日本語に訳してみると、インド史の基本事項のみならず、政治・法律や金融など多分野にわたる訳語を慎重に選ぶ必要があり、想像以上に時間がかかってしまった。用水路をはじめとする灌漑関連の訳語については、多田博一氏の研究から大きな示唆を得た。(12) また、本書の校正段階において、小川道大先生と脇村孝平先生には原稿全体に目を通していただき、それぞれの専門的立場から有意義なコメントを数多く頂戴した。第7章の金融関係の表現については鎮目雅人先生に助言を仰いだ。訳出に迷った箇所については、章ごとに質問リストを作成して、著者に答えてもらった。著者の配慮で、翻訳しやすいように新たな文章を提案された箇所もある。原著にあった小さな誤りは、著者に確認したうえで、訳者の責任で修正した。訳者の質問すべてに丁寧に答えていただいた著者に、あらためて深く御礼を申し上げたい。

訳者の立場上、学務・教務、他の原稿の締切などに追われ、翻訳作業を後回しにせざるをえないこともたびたびあり、二〇二四年四月末になってようやく最初の下訳ができあがった。翻訳を引き受けると返事をしてから二年以上も過ぎてしまった。その後、三木さんから頂戴したコメントを踏まえながら、半年以上かけて全面的に改訳を行った。

この間、二〇二四年五月九日に著者が来日した。東京に到着した翌一〇日にグローバル経済史研究部会（於早稲田大学）で講演し、一一日には社会経済史学会第九三回全国大会（於東京都立大学）で基調講演を務めた。その後、著者は関西に移動して、七月まで関西大学を、その後八月下旬まで名古屋大学を拠点に、在外研究および講演を行った。(13) 著者の滞在中になんとか翻訳を完成させたかったが、訳者の力が及ばず、最終稿が完成したのは一一月中旬になってしまった。

それでもなんとか刊行までたどりつくことができたのは、三木さんと井原陸朗さんからの絶大なサポートのおかげである。お二人のおかげで、訳者の文字通り「拙訳」だった文章はだいぶ読みやすくなった。とくに井原さんの校閲は職人技というべきもので、その丁寧なお仕事から訳者は多く学ばせていただいた。もちろん、翻訳上の誤りはすべて訳者の責任である。さらに装丁は、耳塚有里さんが魅力的なものに仕上げてくれたおかげで、本書が取り上げるインドの人びとの水との格闘の様子が鮮明に伝わるものになった。訳者の前著（『奴隷貿易をこえて』名古屋大学出版会、二〇二一年）に引き続き、今回もお三方と一緒に仕事をすることができたのは大変嬉しく、心強かった。

最後に、訳者がモティベーションを維持するうえで、家族のサポートは不可欠であった。妻の于夢醒と息子の哲史には心から感謝している。いつか家族三人で、ティルタンカルによるエスラージの演奏を聴ける日が来ることを楽しみにしつつ、筆を擱くことにしたい。

二〇二四年孟冬

小林和夫

《訳者紹介》

小《こ》林《ばやし》和《かず》夫《お》

1985年生まれ

2016年　ロンドン・スクール・オブ・エコノミクス・アンド・ポリティカル・サイエンス（LSE）にてPhD（経済史）取得

日本学術振興会特別研究員（PD），大阪産業大学経済学部専任講師を経て，

現　在　早稲田大学政治経済学術院准教授

著　書　*Indian Cotton Textiles in West Africa: African Agency, Consumer Demand and the Making of the Global Economy*（Cham: Palgrave Macmillan, 2019），『奴隷貿易をこえて——西アフリカ・インド綿布・世界経済』（2021年，名古屋大学出版会，第44回アジア経済研究所発展途上国研究奨励賞）

モンスーン経済
—水と気候からみたインド史—

2025年2月10日　初版第1刷発行

定価はカバーに
表示しています

訳　者　小　林　和　夫

発行者　西　澤　泰　彦

発行所　一般財団法人　名古屋大学出版会

〒464-0814　名古屋市千種区不老町1名古屋大学構内
電話(052)781-5027 / FAX(052)781-0697

印刷・製本　亜細亜印刷㈱　ISBN978-4-8158-1176-1

乱丁・落丁はお取替えいたします。

索　引

ア　行

カ　行

サ　行

タ　行

ナ　行

ハ　行

マ　行

ヤ　行

ラ・ワ行

主要参考文献

＊このリストには，本書の議論に直接関わると考えられる文献を収録しており，本文で引用していないものもいくつか含まれている。私が依拠した史料や，あまりにもテーマの偏った文献は除いた。

Agnihotri, Indu. “Ecology, Land Use and Colonisation: The Canal Colonies of Punjab.” *Indian Economic and Social History Review* 33, no. 1 (March 1996): 59–68.

Amrith, Sunil. *Unruly Waters: How Mountain Rivers and Monsoons Have Shaped South Asia’s History*. London: Penguin, 2018.

Broich, John. “Engineering the Empire: British Water Supply Systems and Colonial Societies, 1850–1900.” *Journal of British Studies* 46, no. 2 (April 2007): 346–365.

Chellaney, Brahma. *Water: Asia’s New Battleground*. Washington, DC: Georgetown University Press, 2011.

Christopher, Mark. *Water Wars: The Brahmaputra River and Sino-Indian Relations*. Newport, RI: US Naval War College, 2013.

Cullet, Philippe. *Water Law, Poverty, and Development: Water Sector Reforms in India*. Oxford: Oxford University Press, 2009.

Gallup, John Luke, Jeffrey D. Sachs, and Andrew D. Mellinger. “Geography and Economic Development.” *International Regional Science Review* 22, no. 2 (1999): 179–123.

Hanasz, Paula. “Power Flows: Hydro-hegemony and Water Conflicts in South Asia.” *Security Challenges* 10, no. 3 (2014): 95–112.

Hanumantha Rao, C. H. “Sustainable Use of Water for Irrigation in Indian Agriculture.” *Economic and Political Weekly* 37, no. 18 (May 4, 2002): 1742–1745.

Hardin, Garrett. “Extensions of ‘The Tragedy of the Commons.’” *Science* n.s. 280, no. 5364 (May 1998): 682–683.

India. *Report of the Indian Famine Commission, 1898*. Minutes of Evidence. Simla: Government Press, 1898.

India. *Report of the Indian Famine Commission, 1901*. Calcutta: Government Press, 1901.

Iyer, Ramaswamy R., ed. *Water and the Laws in India*. New Delhi: Sage, 2009.

Johns, Hannah. “Stigmatization of Dalits in Access to Water and Sanitation in India.” National Campaign on Dalit Human Rights, New Delhi, ca. 2012.

Joshi, Deepa. “Caste, Gender and the Rhetoric of Reform in India’s Drinking Water Sector.” *Economic and Political Weekly* 46, no. 18 (2011): 56–63.

Mali, R. K., A. Gupta, R. Singh, and R. S. Singh. “Water Resource and Climate Change: An Indian Perspective.” *Current Science* 90, no. 12 (2006): 1610–1626.

Mosse, David. *The Rule of Water: Statecraft, Ecology and Collective Action in South India*. Oxford: Oxford University Press, 2003.

Mustafa, Daanish. “Social Construction of Hydropolitics: The Geographical Scales of Water and Security in the Indus Basin.” *Geographical Review* 97, no. 4 (2007): 484–501.

Omvedt, Gail. *Dalit Visions: The Anti-caste Movement and the Construction of an Indian Identity*. Hyderabad: Orient Longman, 2006.

Oshima, Harry T. *Economic Growth in Monsoon Asia: A Comparative Study*. Tokyo: University of Tokyo Press, 1987〔渡辺利夫・小浜裕久監訳『モンスーンアジアの経済発展』勁草書房，1989 年〕.

Punjabi, Bharat, and Craig A. Johnson. “The Politics of Rural—Urban Water Conflict in India: Untapping the Power of Institutional Reform.” *World Development* 120 (August 2019): 182–192.

Rangarajan, Mahesh. “Environment and Ecology under British Rule.” In *India and the British Empire*, edited by Douglas Peers and Nandini Gooptu, 212–230. Oxford: Oxford University Press, 2012.

Roy, Tirthankar. “Land Quality, Carrying Capacity, and Sustainable Agricultural Change in Twentieth-Century India.” In *Economic Development and Environmental History in the Anthropocene: Perspectives on Asia and Africa*, edited by Gareth Austin, 159–178. London: Bloomsbury, 2017.

Roy, Tirthankar. “The Monsoon and the Market for Money in Late-Colonial India.” *Enterprise and Society* 17, no. 2 (2016): 324–357.

Sachs, Jeffrey D. “Tropical Underdevelopment.” Working paper. Center for International Development, Harvard University, Cambridge, MA, 2000.

Saravanan, Velayutham. *Water and the Environmental History of Modern India*. London: Bloomsbury, 2020.

Shah, Mihir, and P. S. Vijayshankar, eds. *Water: Growing Understanding, Emerging Perspectives*. Hyderabad: Orient Blackswan, 2016.

Shah, Tushaar, and Barbara van Koppen. “Is India Ripe for Integrated Water Resources Management? Fitting Water Policy to National Development Context.” *Economic and Political Weekly* 41, no. 31 (August 5, 2006): 3413–3421.

Singh, Chhatrapati. *Water Rights and Principles of Water Resources Management*. Bombay: N. M. Tripathi, 1991.

Thorat, Sukhadeo. "Oppression and Denial: Dalit Discrimination in the 1990s." *Economic and Political Weekly* 37, no. 6 (February 9, 2002):572–578.

Vijay Shankar, P. S., Himanshu Kulkarni, and Sunderrajan Krishnan. "India's Groundwater Challenge and the Way Forward." *Economic and Political Weekly* 46, no. 2 (January 8, 2011): 37–45.

翻訳において参照した文献

アレン，R. C.（眞嶋史叙・中野忠・安元稔・湯沢威訳）『世界史のなかの産業革命——資源・人的資本・グローバル経済』名古屋大学出版会，2017 年。

小川道大『帝国後のインド——近世的発展のなかの植民地化』名古屋大学出版会，2019 年。

孝忠延夫『インド憲法』関西大学出版部，1992 年。

斎藤修『比較経済発展論——歴史的アプローチ』岩波書店，2008 年。

多田博一『インドの大地と水』日本経済評論社，1992 年。

多田博一『インドの水問題——州際河川水紛争を中心に』創土社，2005 年。

長崎暢子・小谷汪之・辛島昇「独立後の国家と国民」辛島登編『新版 世界各国史 7 南アジア史』山川出版社，2004 年。

水島司『前近代南インドの社会構造と社会空間』東京大学出版会，2008 年。

Marshall, P. J. ed. *Theses in Indian History: The Eighteenth Century in Indian History*. Oxford and New York: Oxford University Press, 2003.

Risley, Herbert Hope. *The Tribes and Castes of Bengal: Anthropometric Data*, 2 vols. Calcutta: Bengal Secretriat Press, 1891.

Risley, Herbert Hope. *The Tribes and Castes of Bengal: Ethnographic Glossary*, 2 vols. Calcutta: Bengal Secretriat Press, 1892.

注

第1章

（1）このフレーズは，以下の記事から借用している。Swaminathtan S. Anklesaria Aiyar, “Drought Not a Big Calamity in India Anymore,” *Swaminomics* (blog), *Times of India*, July 29, 2012 (https://timesofindia.indiatimes.com/blogs/Swaminomics/drought-not-a-big-calamity-in-india-anymore/).

（2）“Why India Needs to Worry about Climate Change,” *BBC News*, October 25, 2018 (https://www.bbc.co.uk/news/world-asia-india-45949323).

（3）Mark Christopher, *Water Wars: The Brahmaputra River and Sino-Indian Relations* (Newport, RI: US Naval War College, 2013), 12.

（4）議論の出発点は，ここで使用している1880年の飢饉委員会（Famine Commission）の資料をもとに選択した。この資料は，きわめて膨大かつ詳細な報告と証拠を収録している。

（5）Navin Singh Khadka, “India Water Crisis Flagged Up in Global Report,” BBC News, August 6, 2019 (https://www.bbc.com/news/world-asia-india-49232374).

（6）Markus Kottek, Jürgen Grieser, Christoph Beck, Bruno Rudolf, and Franz Rubel, “World Map of the Köppen-Geiger Climate Classsification Updated,” *Meteorologische Zeitschrift* 15, no. 3 (2006): 259–263 (https://koeppen-geiger.vu-wien.ac.at/present.htm).

（7）熱帯モンスーンの条件となる要素は，他の地理においてもみられる。私たちは，すべての熱帯地域とすべてのモンスーン地域を1つのバスケットのなかに入れないように注意すべきである。世界中のモンスーン地域が同じではない。もし南アジアと北東アジアが比較できないとしたら，南アジアとサヘルも比較することはできない。サヘルでは，インドのようにモンスーンがみられるが，インドよりも弱い。サヘルの平均降水量は100～300ミリであるが，インドでは300～650ミリである。両地域とも水へのアクセスにかかる季節的な負担が大きいが，南アジアの方が水が多い。

（8）植物の蒸散もまた蒸発量に影響を与える。しかし，この議論のなかで私が引用している蒸発のデータは，蒸散についてふれていない。

（9）M. F. Quamar and S. K. Bera, “Vegetation and Climate Change during Mid and Late Holocene in Northern Chattisgarh (Central India) Inferred from Pollen Records,” *Quaternary International* 349 (2014): 357–366.

(10) 次の議論をみよ。Mayank Kumar, "Invisible-Visible: Sources, Environment and Historians," in *Critical Themes in Environmental History of India*, ed. Ranjan Chakrabarti (New Delhi: Sage, 2020), 17–50.

(11) Stephen Broadberry, Johann Custodis, and Bishnupriya Gupta, "India and the Great Divergence: An Anglo-Indian Comparison of GDP Per Capita, 1600–1871," *Explorations in Economic History* 55, no. 1 (January 2015): 58–75. この論文は，似たような性質をとりあげた他の統計研究にかんする有益な議論を含んでいる。

(12) W. H. Moreland, *From Akbar to Aurangzeb: A Study in Indian Economic History* (London: Macmillan, 1923), 200. 次もみよ。W. H. Moreland, "The Ain-i-Akbari – a Base-Line for the Economic History of India," *Indian Journal of Economics* 1 (1917–1918): 44–53. Francisco Pelsaert, *Jahangir's India: The "Remonstrantie" of Francisco Pelsaert*, trans. W. H. Moreland and P. Geyl (Cambridge, UK: W. Heffer and Sons, 1925), 64.

(13) India, *Imperial Gazetteer of India*, vol. 3, *Economic* (Oxford: Clarendon Press, 1908), 92.

(14) 南インドの溜池は，人造の貯水池で，堤防で囲まれたものもある。

(15) Tim Dyson, *A Population History of India: From the First Modern People to the Present Day* (Oxford: Oxford University Press, 2018).

(16) World Bank, "Level of Water Stress: Freshwater Withdrawal as a Proportion of Available Freshwater Resources" (https://data.worldbank.org/indicator/ER.H2O). FWST.ZS; World Resources Institute, "Water Stress by Country" (https://www.wri.org/resources/charts-graphs/water-stress-country).

(17) Eric Jones, *The European Miracle: Environments, Economies, and Geopolitics in the History of Europe and Asia*, 2nd ed. (New York: Cambridge University Press, 1987), 193（安元稔・脇村孝平訳『ヨーロッパの奇跡――環境・経済・地政の比較史』名古屋大学出版会，2000 年，198–199 頁）.

(18) Andrew C. Isenberg, ed., *The Oxford Handbook of Environmental History* (Oxford: Oxford University Press, 2017). Paul G. Harris and Graeme Lang, eds., *Routledge Handbook of Environment and Society in Asia* (Abingdon: Routledge, 2014) に収められたいくつかの論考は，水のアクセス，水ストレス，季節性，そして気候変化と水ストレスに対処する制度的課題を押さえているが，経済史にかんする一貫したモデルを提示していない。Constance Lever-Tracy, ed., *Routledge Handbook of Climate Change and Society* (Abingdon: Routledge, 2010) はモンスーンの季節性にかんしてあまり役立つところはなく，他の文献と同様，現在の問題に気をとられている。Sam White, Christian Pfister, and Franz Mauelshagen, eds., *The Palgrave*

Handbook of Climate History (London: Palgrave, 2018) は，南アジアにかんする優れた論考を収めているが，水や社会に対する気候の影響についての関心は薄い。

(19) Diana K. Davis, *The Arid Lands: History, Power, Knowledge* (Cambridge, MA: MIT Press, 2016).

(20) Sunil Amrith, *Unruly Waters: How Mountain Rivers and Monsoons Have Shaped South Asia's History* (London: Penguin, 2018)（秋山勝訳『水の大陸アジア——ヒマラヤ水系・大河・海洋・モンスーンとアジアの近現代』草思社，2021 年).

(21) サーヴェイについては，Mahesh Rangarajan, "Environment and Ecology under British Rule," in *India and the British Empire*, ed. Douglas Peers and Nandini Gooptu (Oxford: Oxford University Press, 2012), 212–230 と，Richard Grove, Vinita Damodaran, and Satpal Sangwan, "Introduction," in *Nature and the Orient: The Environmental History of South and Southeast Asia*, ed. Richard Grove, Vinita Damodaran, and Satpal Sangwan (New Delhi: Oxford University Press, 2000), 1–26 をみよ。

(22) David Gilmartin, "Water and Waste: Nature, Productivity and Colonialism in the Indus Basin," *Economic and Political Weekly* 38, no. 48 (November 29, 2003): 5057–5065; Rohan D'Souza, "Water in British India: The Making of a 'Colonial Hydrology,'" *History Compass* 4, no. 4 (July 2006): 621–628.

(23) Harry T. Oshima, *Economic Growth in Monsoon Asia: A Comparative Study* (Tokyo: University of Tokyo Press, 1987)（渡辺利夫・小浜裕久監訳『モンスーンアジアの経済発展』勁草書房，1989 年).

(24) Garrett Hardin, "The Tragedy of the Commons," *Science*, n.s., 162, no. 3859 (December 13, 1968): 1247.

(25) Simon Kuznets, "Appendices," in *Seasonal Variations in Industry and Trade* (New York: National Bureau of Economic Research, 1933) (https://www.nber.org/chapters/c2204.pdf).

第 2 章

(1) William Digby, *The Famine Campaign in Southern India*, 2 vols. (London: Longmans, Green, 1878), 1:70.

(2) Digby, *Famine Campaign*, 1:69.

(3) William Digby, *"Prosperous" British India: A Revelation from Official Records* (London: T. Fisher Unwin, 1901).

(4) Tim Dyson, *A Population History of India: From the First Modern People to the Present Day* (Oxford: Oxford University Press, 2018), 158.

(5) 1898年の飢饉委員会は，井戸建設の規模は大きいものの，事業は高頻度で失敗していたことを述べた。India, *Report of the Indian Famine Commission, 1898* (Simla: Government Press, 1898), 185–186.

(6) D. A. Mooley and B. Parthasarathy, "Fluctuations in All-India Summer Monsoon Rainfall during 1871–1978," *Climatic Change* 6 (September 1984): 287–301.

(7) Hyderabad, *The Economic Life of Hyderabad* (Hyderabad: Government Press, 1937), 117.

(8) Bombay, *Report on the Famine of the Bombay Presidency* (Bombay: Government Press, 1903), 8.

(9) H. H. Mann, *Well Waters from the Trap Area of Western India* (Pune: Yeravada Prison Press, 1915), 3.

(10) Paul Baumann, "The Dry Monsoon of the Deccan Plateau," available at http://employees.oneonta.edu/baumanpr/geosat2/Dry_Monsoon/Dry_Monsoon.htm.

(11) India, *Report of the Indian Famine Commission*, pt. 1, *Famine Relief* (London: HMSO, 1880), 108.

(12) India, *Papers regarding the Famine and the Relief Operations in India during 1900–1902*, vol. 1, *British Districts* (London: HMSO, 1902), 262.

(13) India, *Papers regarding the Famine*, 1:263.

(14) India, *Papers regarding the Famine*, 1:176.

(15) India, *Papers regarding the Famine*, 1:263.

(16) India, *Papers regarding the Famine*, 1:176.

(17) 水の安全保障（water security）は，1876年以前の西インドにおける飢饉の対応をめぐる言説のなかでみられたが，その言説の意味するところは統一されていなかった。救済の枠組みは19世紀第4四半期に現れ，その後の年に水は中心的な位置を占めるようになった。19世紀前半の飢饉における水の戦略については，George Adamson, "'The Most Horrible of Evils': Social Responses to Drought and Famine in the Bombay Presidency, 1782–1857," in *Natural Hazards and Peoples in the Indian Ocean World*, ed. Greg Bankoff and Joseph Christensen (Basingstoke: Palgrave, 2016), 79–104をみよ。

(18) 1899年の飢饉は，「食料の飢饉であるのと同様，水の飢饉でもあった」。India, *Report of the Indian Famine Commission, 1901* (Calcutta: Government Press, 1901), 61.

(19) "The Famine in India: Nasik District," *Times of India*, February 20, 1900, 4.

(20) Baroda, *Report of Famine Operations in the Baroda State 1911–12* (Bombay: Times of India Press, 1913), 22.

(21) Arup Maharatna, *The Demography of Famines: An Indian Historical Perspective* (Delhi: Oxford University Press, 1996).

(22) India, *Report of the Indian Famine Commission* (1880), pt. 1, 28.
(23) India, *Papers regarding the Famine*, 1:33.
(24) India, *Papers regarding the Famine*, 1:367.
(25) India. *Appendix to the Report of the Indian Famine Commission, 1898, Being Minutes of Evidence, Etc.*, vol. 1, *Bengal* (London: HMSO, 1898), 112.
(26) India, *Papers regarding the Famine*, 1:28.
(27) India, *Papers regarding the Famine*, 1:38, 140.
(28) India, *Report of the Indian Famine Commission, 1901*, 61.
(29) Bombay, *Report of the Famine in the Bombay Presidency in 1896–97* (Bombay: Government Press, 1898), xcix.
(30) Bombay, *Famine Relief Code: Bombay Presidency* (*Poona: Yeravada Prison Press, 1927*), 42.
(31) India, *Report of the Indian Famine Commission* (1880), pt. 1, 108.
(32) *Quarterly Journal of the Poona Sarvajanik Sabha*, ed. S. H. Chiplonkar, 1878, 7.
(33) India, *Papers regarding the Famine*, 1:238.
(34)「飢饉以外の時でさえ，下位カーストと不可触民の労働者に対する社会的差別のために，彼らはしばしば汚染水を飲むことを強いられていた」。David Arnold, "Cholera and Colonialism in British India," *Past and Present* 113 (November 1986): 126. 引用は，1951 年の旧マドラス管区におけるコレラの疫学調査に言及したものである。
(35) India, *Report of the Indian Famine Commission, 1901*, 61.「家庭内消費のために公衆に水を汲むことを許可した私有井戸の所有者には，一定の特権を認める命令も出され，また下位カーストの人びとがこれらの井戸から水を供給される場所では，行政が特別な水運搬手段を提供する費用を請け負った」。Bombay, *Report on the Famine*, 42.
(36) India, *Papers regarding the Famine*, 1:262.
(37) ここで注目している出来事のタイプは，乾燥地における飢饉であることを強調しておきたい。インドにおける飢饉史研究は，2 つの出来事——1770 年と 1943 年——に支配されてきた。いずれもベンガルで発生した。自然災害と穀物の不作は，いずれの出来事よりも先に発生していたが，ベンガルは比較的水に恵まれた地域である。この広大な地域の大部分は乾燥していない。そのため，飢饉の研究者の注目は，これらの地域におけるヨーロッパ人支配者の無関心，戦争，そして地域国家の失敗といった「人為的な」原因に向けられてきた。これらの 2 つの飢饉を引き起こした要素の正確な組み合わせについては，まだ議論の余地がある。これら 2 つの出来事に集中しすぎてしまうと，私たちは，ベンガルよりも頻繁に飢饉を経験していた半乾燥地域における災害の背後にある地理的作

用を見落としてしまいかねない。歴史研究には，そのような見落としがあるのだ。

（38） デカン地方の飢饉を取り上げた飢饉委員会報告書3点のなかで鉄道（railways）と食料（food）の単語が言及された回数は徐々に減少し，コレラが言及された回数は増加した。これは，飢饉救済パラダイムのなかで食料分配から水質へと強調点が移ったことを示唆している。Tirthankar Roy, “Water, Climate, and Economy in India from 1880 to the Present,” *Journal of Interdisciplinary History* 51, no. 4 (Spring 2021): 565–594 をみよ。Arnold, “Cholera and Colonialism,” は，19世紀後半の飢饉とコレラの「同時発生」について論じている。

（39） Madras, *Report of the Water-Supply and Drainage Committee* (Madras: Government Press, 1947), 22

（40） 英領インド以前の飢饉を取り上げた歴史は，この問題を無視している。たとえば，H. H. Khondker, “Famine Policies in Pre-British India and the Question of Moral Economy,” *South Asia: Journal of South Asian Studies* 9, no. 1 (1986): 25–40 がある。マイク・デイヴィスは，これを引用して，植民地化以前のインドは「威厳ある救済という人道的な伝統」を実践していた，と疑わしく証明不可能な主張をしている。Mike Davis, *Late Victorian Holocausts: El Niño Famines and the Making of the Third World* (London: Verso, 2001), 167.

（41） India, *Report of the Indian Famine Commission* (1880), pt. 1, 5.

（42） Michelle B. McAlpin, *Subject to Famine: Food Crisis and Economic Change in Western India, 1860–1920* (Princeton, NJ: Princeton University Press, 1983); Robin Burgess and Dave Donaldson, “Can Openness Mitigate the Effects of Weather Shocks? Evidence from India's Famine Era,” *American Economic Review* 100, no. 2 (May 2010): 449–453.

（43） India, *Report of the Indian Famine Commission* (1880), pt. 1, 18.

（44） India, *Report of the Indian Famine Commission*, 52.

（45） Edward Said, *Culture and Imperialism* (New York: Vintage, 1993), 9（大橋洋一訳『文化と帝国主義』1，みすず書房，1998年，41頁）.

第3章

* Ambedkar, “Gandhi and His Fast” (1932), in *Writings and Speeches* (New Delhi: Government Press, 1989), 5:373. 強調は引用者による。

（1） Tripta Wahi, “Rights to Sink and Repair Wells and Accruing Rights in Land and Its Produce,” *Proceedings of the Indian History Congress* 72 (December 2011): 378–391.

(2) B. R. Ambedkar, *Annihilation of Caste* (Bombay: B. R. Kadrekar, 1936)（山崎元一・吉村玲子訳『カーストの絶滅』明石書店，1994 年）.

(3) P. V. Kane, *History of the Dharmasastra* (Pune: Bhandarkar Oriental Research Institute, 1930–1962), vol. 2, pt. 1 (1941), 23.

(4)「旃陀羅（Chándálas）に属する貯水池は，旃陀羅のみ利用可能だが，他者は利用することができない」。Kautilya, *Arthashastra*, trans. R. Shama Sastri (Bangalore: Government Press, 1915), 29. 次もみよ。Deepa Joshi and Ben Fawcett, "Water, Hindu Mythology and an Unequal Social Order in India" (paper presented at the Second Conference of the International Water History Association, Bergen, Norway, 2011).

(5) たとえば，R. V. Russell and Hira Lal, *Tribes and Castes of the Central Provinces* (Nagpur: Government Press, 1915）をみよ。

(6) Louis Dumont, *Homo Hierarchicus: The Caste System and Its Implications* (Chicago: University of Chicago Press, 1970), 43（田中雅一・渡辺公三訳『ホモ・ヒエラルキクス――カースト体系とその意味』みすず書房，2001 年，64 頁）.

(7) Leif Wenar, "The Nature of Rights," *Philosophy and Public Affairs* 33 (2005): 223–252, reprinted in *Rights: Concepts and Contexts*, ed. Brian H. Bix and Horacio Spector (Abingdon: Routledge, 2016), 213–242.

(8) Ambedkar, "Gandhi and His Fast," 373. 強調は引用者による。

(9) Mike Davis, *Late Victorian Holocausts: El Niño Famines and the Making of the Third World* (London: Verso, 2001), 331. 強調は引用者による。

(10) David Ludden, "Orientalist Empiricism: Transformations of Colonial Knowledge," in *Orientalism and the Postcolonial Predicament: Perspectives on South Asia*, ed. Carol A. Breckenridge and Peter van der Veer (Philadelphia: University of Pennsylvania Press, 1993), 250–278; Nicholas B. Dirks, *Castes of Mind: Colonialism and the Making of Modern India* (Princeton, NJ: Princeton University Press, 2001); Burton Stein, *Thomas Munro: The Origins of the Colonial State and His Vision of Empire* (Delhi: Oxford University Press, 1989).

(11) たとえば，その研究分野の指導者であったバーナード・コーンは，「膨大な量の知識がテキストの形に変容させられ，植民地国家によってインドを固定化し，結びつけて，まとめるために活用された」と述べている。Bernard Cohn, *Colonialism and Its Forms of Knowledge: The British in India* (Princeton, NJ: Princeton University Press, 1997), 8. Dirks, *Castes of Mind* は，変容した伝統についてより詳細に説明している。

(12) David Mosse, "Colonial and Contemporary Ideologies of 'Community Management': The Case of Tank Irrigation Development in South India," *Modern Asian*

Studies 33, no. 2 (May 1999): 303–338.

(13) 「被抑圧階級は，正統派ヒンドゥー教による長年に及ぶ専制と抑圧からの解放者として，イギリス人を歓迎した」とアンベードカルは述べた。B. R. Ambedkar, speech at the Round Table Conference, 1930, in Ambedkar, *Writings and Speeches*, 2 (New Delhi: Government Press, 1982), 504.

(14) Damodar Dharmananda Kosambi, *The Culture and Civilisation of Ancient India in Historical Outline* (London: Routledge and Kegan Paul, 1965), 88.

(15) Mihir Shah, "Structures of Power in India Society: A Response," *Economic and Political Weekly*, 43, nos. 46 (November 15, 2008): 79.

(16) インド農村部の水へのアクセスにおける「生態学的黄金時代（eco-golden age)」という神話に対する批判は，Shri Krishan, "Water Harvesting Traditions and the Social Milieu in India: A Second Look," *Economic and Political Weekly* 46, nos. 26–27 (June 25, 2011): 87–95 をみよ。

(17) "Appellate Side: Defilement of Well Water," *Times of India*, July 28, 1914.

(18) "Caste Warfare," *Times of India*, August 16.

(19) "Water, Water!," *Times of India*, April 25, 1925.

(20) "Untouchables Use Water from Common Pond," *Times of India*, November 21, 1931.

(21) "Untouchables Win: Mahad Tank Declared Public Property," *Times of India*, January 22, 1931.

(22) マハードの事件とその遺産にかんする説明は，Gail Omvedt, *Dalit Visions: The Anti-caste Movement and the Construction of an Indian Identity* (Hyderabad: Orient Longman, 2006), 44 と Anupama Rao, *The Caste Question: Dalits and the Politics of Modern India* (Berkeley: University of California Press, 2009) をみよ。

(23) 非バラモン運動のいくつかの事例については，Adapa Satyanarayana, "Nation, Caste, and the Past: Articulation of Dalitbahujan Identity, Consciousness and Ideology," *Proceedings of the Indian History Congress* 65 (2004): 416–467 をみよ。

(24) アーリヤ・サマージ（Arya Samaj）にかんする事例については，Kenneth W. Jones, "Ham Hindu Nahin: Arya-Sikh Relations, 1877–1905," *Journal of Asian Studies* 32, no. 3 (May 1973): 457–475 をみよ。

(25) "Whipped for Using Public Tank: Mr. Gandhi's Allegation," *Times of India*, November 6, 1933, 5.

(26) "Fight over Village Well: Harijans versus Caste Hindus," *Times of India*, March 2, 1934, 6.

(27) "Hindu-Harijan Clash in Mysore," *Times of India*, March 29, 1935, 12.

(28) "Nasik Campaign Called Off," *Times of India*, December 17, 1935, 6.

(29) "Tense Situation in Bijnor: Use of Wells by Harijans," *Times of India*, September 9, 1938, 15.

(30) "Social Boycott in C. P. Village: Harijan Woman's Use of a Public Well," *Times of India*, April 27, 1934, 3.

(31) "Water Supply in Presidency: Bombay Govt. Grants," *Times of India*, October 31, 1930, 11.

(32) M. G. Bhagat, "The Untouchable Classes of Maharashtra," *Journal of the University of Bombay* 4, pt. 1 (July 1935): 163.

(33) "Bombay Suburban Wells Dispute: Tension Growing," *Times of India*, February 4, 1933, 18.

(34) Rao, *Caste Question*, 80.

(35) "The Depressed Classes: Progress in Western India," *Times of India*, November 24, 1932.

(36) "Great Scarcity of Water at Poona," *Times of India*, June 4, 1872, 3.

(37) Thomas Blaney, "Our Inefficient Water-Supply," letter to the editor, *Times of India*, May 5, 1884, 6.

(38) D. Arulanandam Pillai, "Problems relating to Paraiyas in the Tanjore District," in *Papers Read at the Third Annual Conference of the Indian Economic Association Held in the Senate House, Madras, 1919–1920* (Madras: Indian Economic Association, 1920), 88.

(39) India, *Papers relating to Village Sanitation in India, 1888–1895* (Calcutta: Government Press, 1896), 8.

(40) India, *Papers relating to Village Sanitation*, 10.

(41) "Use of Public Wells by Depressed Classes: Bombay Government's Resolution," *Times of India*, February 10, 1933, 10.

(42) A. V. Raman Rao, *Structure and Working of Village Panchayats* (Pune: Gokhale Institute of Politics and Economics, 1954), 15.

(43) Raman Rao, *Village Panchayats*, 15.

(44) Madras, *Report of the Water-Supply and Drainage Committee* (Madras: Government Press, 1947), 9.

(45) I. P. Desai, *Water Facilities for the Untouchables in Rural Gujarat: A Report* (New Delhi: Indian Council of Social Science Research, 1973).

(46) Sukhadeo Thorat, "Oppression and Denial: Dalit Discrimination in the 1990s," *Economic and Political Weekly* 37, no. 6 (February 9, 2002): 572–578 で言及されている。

(47) Thorat, "Oppression and Denial." 水をめぐる差別の根深さについては，次

もみよ。Hannah Johns, “Stigmatization of Dalits in Access to Water and Sanitation in India” (National Campaign on Dalit Human Rights, New Delhi, ca. 2012).

(48) Sanjiv J. Phansalkar, “Water, Equity and Development,” *International Journal of Rural Management* 3, no. 1 (January 2007) : 1–25.

(49) Thorat, “Oppression and Denial,” 575.

(50) Mukul Sharma, *Caste and Nature : Dalits and Indian Environmental Politics* (Delhi : Oxford University Press, 2017), 183.

(51) 排除は時には見えないかたちで持続していた。たとえば，タミル・ナードゥのコモンズへの女性の権利にかんする博士論文では，水が誰にでもアクセスできることを村議会が「公表できなかった」ことが明らかになった。Jayshree Priyadarshani Mangubhai, “Human Rights as Practice : Dalit Women's Collective Action to Secure Livelihood Entitlements in Rural South India” (PhD diss., University of Utrecht, 2012), 74.

(52) A. M. Shah, “Purity, Impurity, Untouchability : Then and Now,” *Sociological Bulletin* 56, no. 3 (September 2007) : 355–368.

第 4 章

(1) David Gilmartin, “Scientific Empire and Imperial Science : Colonialism and Irrigation Technology in the Indus Basin,” *Journal of Asian Studies* 53, no. 4 (November 1994) : 1127–1149.

(2) Aparajith Ramnath, *The Birth of an Indian Profession : Engineers, Industry, and the State, 1900–47* (New Delhi : Oxford University Press, 2017).

(3) Bombay, *Report on a Project for the Supply of Water to the Poona Cantonment* (Bombay : Education Society's Press, 1858).

(4) “The Romance of Mairwara,” *Blackwood's Edinburgh Magazine*, February 1853, 207–215 ; Charles George Dixon, *Sketch of Mairwara* (London : Smith, Elder, 1850).

(5) G. Gordon, “On the Value of Water, and Its Storage and Distribution in Southern India,” *Minutes of Proceedings of the Institution of Civil Engineers*, 33, 1872, 376–400.

(6) Sadhu Singh Ahluwalia, “The Economic Condition of the Sikhs” (PhD thesis, Gokhale Institute of Politics and Economics, Pune, 1959), pt. 1, 188–189.

(7) Ahluwalia, “Economic Condition of the Sikhs,” pt. 1, 297.

(8) R. MacLagan Gorrie, “Soil and Water Conservation in the Punjab,” *Geographical Review* 28, no. 1 (January 1938) : 30.

(9) Margaret R. Biswas and Asit K. Biswas, “Complementarity between Environ-

ment and Development Processes," *Environmental Conservation* 11, no. 1 (August 1984): 35.

(10) Lloyd I. Rudolph and Susanne Hoeber Rudolph, *In Pursuit of Lakshmi: The Political Economy of the Indian State* (Chicago: University of Chicago Press, 1987), 54.

(11) Minoti Chakravarty-Kaul, *Common Lands and Customary Law: Institutional Change in North India over the Past Two Centuries* (Delhi: Oxford University Press, 1996).

(12) J. V. Woodman, *A Digest of Indian Law Cases: Containing High Court Reports, 1862–1900* (Calcutta: Government Press, 1901), 927, 1037.

(13) 1974 年，ナルスー対マダン・ラルら（*Narsoo v. Madan Lal and others*）の控訴審（マディヤ・プラデーシュ高等裁判所）では，流れる雨水を慣習や地役権法をともなう「水路」としてみなしうるのかどうか，その場合に土地所有者は誰でも水を溜め込むことができるのかどうか判決を下した。

(14) Videh Upadhyay, "The Ownership of Water in Indian Laws," in *Water and the Laws in India*, ed. Ramaswamy R. Iyer (New Delhi: Sage, 2009), 135.

(15) 財産権の性質にかんする初期の業績のなかには，のちの研究における主要な問題を先取りしたものもあった。Chhatrapati Singh, *Water Rights and Principles of Water Resources Management* (Bombay: N. M. Tripathi, 1991) をみよ。

(16) Ramaswamy R. Iyer, introduction to *Water and the Laws in India*, ed. Ramaswamy R. Iyer (New Delhi: Sage, 2009), xi – xiv.

(17) Joseph L. Sax, "The Public Trust Doctrine in Natural Resource Law: Effective Judicial Intervention," *Michigan Law Review* 68, no. 3 (1970): 485.

(18) Jona Razzaque, "Application of Public Trust Doctrine in Indian Environmental Cases," *Journal of Environmental Law* 13, no. 2 (September 2001): 221–234.

(19) Philippe Cullet, *Water Law, Poverty, and Development: Water Sector Reforms in India* (Oxford: Oxford University Press, 2009), 47–49.

(20) Aviram Sharma, "Drinking Water Quality in Indian Water Policies, Laws, and Courtrooms: Understanding the Intersections of Science and Law in Developing Countries," *Bulletin of Science, Technology and Society* 37, no. 1 (February 2017): 45–56.

(21) P. B. Anand, "Right to Water and Access to Water: An Assessment," *Journal of International Development* 19, no. 4 (2007): 511–526.

(22) Erin L. O'Donnell and Julia Talbot-Jones, "Creating Legal Rights for Rivers: Lessons from Australia, New Zealand, and India," *Ecology and Society* 23, no. 1

(March 2018).

(23) Christopher D. Stone, "Should Trees Have Standing? Toward Legal Rights for Natural Objects," *Southern California Law Review* 45 (1972): 488–489.

(24) Kelly D. Alley, "River Goddesses, Personhood and Rights of Nature: Implications for Spiritual Ecology," *Religions* 10, no. 9 (2019) (https://www.mdpi.com/2077-1444/10/9/502).

(25) Sridhar Rengarajan, Dhivya Palaniyappan, Purvaja Ramachandran, and Ramesh Ramachandran, "National Green Tribunal of India – an Observation from Environmental Judgements," *Environmental Science and Pollution Research* 25, no. 12 (April 2018): 11313–11318.

第5章

(1) Cuthbert Finch, "Vital Statistics of Calcutta," *Quarterly Journal of the Royal Statistical Society of London* 13 (May 1850): 179.

(2) 人口のデータについては，Tirthankar Roy, *An Economic History of India, 1707–1857* (Abingdon: Routledge, 2022) をみよ。

(3) Tirthankar Roy, *The Economic History of India, 1857–2010*, 4th ed. (Delhi: Oxford University Press, 2020)

(4) John Broich, "Engineering the Empire: British Water Supply Systems and Colonial Societies, 1850–1900," *Journal of British Studies* 46, no. 2 (April 2007): 365.

(5) Mariam Dossal, "Henry Conybeare and the Politics of Centralised Water Supply in Mid-Nineteenth Century Bombay," *Indian Economic and Social History Review* 25, no. 1 (March 1988): 79–96; Sapana Doshi, "Imperial Water, Urban Crisis: A Political Ecology of Colonial State Formation in Bombay, 1850–1890," *Review* (*Fernand Braudel Center*) 37, nos. 3–4 (2014): 173–218.

(6) Dinshaw E. Wacha, *Rise and Growth of Bombay Municipal Government* (Madras: G. A. Natesan, 1913), 99.

(7) Wacha, *Bombay Municipal Government*, 106.

(8) Ira Klein, "Urban Development and Death: Bombay City, 1870–1914," *Modern Asian Studies* 20, no. 4 (October 1986): 730.

(9) 管区 (presidency) とは，英領インドにおける大きな行政区分である。

(10) Klein, "Urban Development and Death," 754.

(11) "Water for Bombay," *Economic and Political Weekly* 2, no. 21 (May 27, 1967): 947–948.

(12) Bombay, *Report of the Local Self-Government Committee* (Bombay: Government Press, 1940), 97.

(13) "The Water-Supply of Calcutta," *British Medical Journal* 1, no. 481 (March 19, 1870): 293 より引用。

(14) "The Water Supply and the Health of Calcutta," *British Medical Journal* 1, no. 1733 (March 17, 1894): 596.

(15) "India: Reports from Calcutta; Water Supply of Calcutta; Plague and Cholera," *Public Health Reports (1896–1970)*, 18, no. 49 (December 4, 1903): 2164.

(16) "Water Supply of Calcutta," 2163.

(17) Susan M. Neild, "Colonial Urhanism: The Development of Madras City in the Eighteenth and Nineteenth Centuries," *Modern Asian Studies*, 13, no. 2 (1979), 217–246.

(18) "Madras Water," *British Medical Journal* 2, no. 359 (November 16, 1867): 456.

(19) Susan J. Lewandowski, "Urban Growth and Municipal Development in the Colonial City of Madras, 1860–1900," *Journal of Asian Studies* 34, no. 2 (February 1975): 341–360.

(20) S. M. Edwardes, comp., *A Memoir of Rao Bahadur Ranchhodlal Chhotalal* (Exeter, UK: W. Pollard, 1920). 次も参照せよ。Howard Spodek, "City Planning in India under British Rule," *Economic and Political Weekly* 48, no. 4 (January 26, 2013): 53–61.

(21) Mattia Celio, Christopher A. Scott, and Mark Giordano, "Urban－Agricultural Water Appropriation: The Hyderabad, India Case," *Geographical Journal* 176, no. 1 (March 2010): 39–57.

(22) D. R. Gadgil, *Poona: A Socio-economic Survey* (Pune: Gokhale Institute of Politics and Economics, 1952), pt. 2; Sulabha Brahme and Prakash Gole, *Deluge in Poona: Aftermath and Rehabilitation* (Pune: Gokhale Institute of Politics and Economics, 1967).

(23) Gadgil, *Poona*, pt. 2, 235.

(24) Hyderabad, *The Economic Life of Hyderabad* (Hyderabad: Government Press, 1930), 146.

(25) India, *Report on National Water Supply and Sanitation Schemes* (New Delhi: Government Press, 1961), 3.

(26) Kenneth A. MacKichan, "Estimated Use of Water in the United States－1950," US Geological Survey (https://pubs.usgs.gov/circ/1951/circ115/htdocs/text.html).

(27) Gadgil, *Poona*, pt. 2, 235.

(28) India, *Report on National Water Supply*, 9.

(29) Mrs. Whitehead, "Welfare Work in Madras City," in *Papers Read at the Third Annual Conference of the Indian Economic Association Held in the Senate House, Madras, 1919–1920* (Madras: Indian Economic Association, 1920), 43.

(30) Anthony Acciavatti, "Re-imagining the Indian Underground: A Biography of the Tubewell," in *Places of Nature in Ecologies of Urbanism*, ed. Anne Rademacher and K. Sivaramakrishnan (Hong Kong: University of Hong Kong Press, 2017), 206–237.

(31) Om Prakash Mathur et al., *State of the Cities: India* (New Delhi: Institute of Social Sciences, 2021).

(32) Nikhil Anand, "Multiplicity: Water, Rules, and the Making of Connections in Mumbai," in *Governing Access to Essential Resources*, ed. Katharina Pistor and Olivier De Schutter (New York: Columbia University Press, 2016), 121.

(33) Sharmila L. Murthy, "Land Security and the Challenges of Realizing the Human Right to Water and Sanitation in the Slums of Mumbai, India," *Health and Human Rights* 14, no. 2 (December 2012): 69.

(34) Jayaraj Sundaresan, "Planning as Commoning: Transformation of a Bangalore Lake," *Economic and Political Weekly* 46, no. 50 (December 10, 2011): 71–79.

(35) M. Gandy, "Rethinking Urban Metabolism: Water, Space and the Modern City," *City* 8, no. 3 (2004): 363–379.

(36) Karen Coelho and Nithya V. Raman, "From the Frying Pan to the Floodplain: Negotiating Land, Water, and Fire in Chennai's Development," in *Ecologies of Urbanism in India: Metropolitan Civility and Sustainability*, ed. Anne Rademacher and K. Sivaramakrishnan (Hong Kong: Hong Kong University Press, 2013), 145–168.

(37) Tushaar Shah and Barbara van Koppen, "Is India Ripe for Integrated Water Resources Management? Fitting Water Policy to National Development Context," *Economic and Political Weekly* 41, no. 31 (August 5, 2006): 3416.

第 6 章

(1) Parliamentary debates, March 30, 1951 (https://eparlib.nic.in/bitstream/123456789/760406/1/ppd_30-03-1951.pdf).

(2) Velayutham Saravanan, *Water and the Environmental History of Modern India* (London: Bloomsbury, 2020).

(3) Elizabeth Whitcombe, *Agrarian Conditions in Northern India* (Berkeley: University of California Press, 1972), vol. 1; Indu Agnihotri, "Ecology, Land Use and Colonisation: The Canal Colonies of Punjab," *Indian Economic and Social History Review* 33, no. 1 (March 1996): 59–68.

(4) India, *Royal Commission on Agriculture*, vol. 7, *Evidence Taken in the United Provinces* (Delhi: Government Press, 1927), 377–379.

(5) 1930 年のインドの生態地図を作成する先駆的な試みは，デカンやグジャ

ラートなど井戸に依存した乾燥地域における水ストレスのパターンを明らかにした。Daniel Thorner and Chen Han Seng, *Ecological and Agrarian Regions of South Asia circa 1930* (Karachi: Oxford University Press, 1996).

(6) 同時代の議論については，Radhakamal Mukerjee, *The Rural Economy of India* (London: Longmans, Green, 1926) をみよ。

(7) Tirthankar Roy, "Roots of Agrarian Crisis in Interwar India: Retrieving a Narrative," *Economic and Political Weekly* 41, no. 52 (December 30, 2007): 5389–5400.

(8) Satyajit Singh, "Evaluating Large Dams in India," *Economic and Political Weekly* 25, no. 11 (March 17, 1990): 561–574. 河川プロジェクトとそれをめぐる論争にかんする簡潔な歴史的説明については，Michael H. Fisher, *An Environmental History of India: From Earliest Times to the Twenty-First Century* (Cambridge: Cambridge University Press, 2018) をみよ。

(9) Ashok K. Mitra, "Underutilisation Revisited: Surface Irrigation in Drought Prone Areas of Western Maharashtra," *Economic and Political Weekly* 21, no. 17 (April 26, 1986): 752–756. デカン高原における最大の灌漑開発地域であるクリシュナー河流域の問題については，Bret Wallach, "Irrigation Developments in the Krishna Basin since 1947," *Geographical Review* 74, no. 2 (April 1984): 127–144 をみよ。

(10) 「ルールは必要な時に呼び出されるリソースである」。Peter Mollinga, *On the Waterfront: Water Distribution, Technology and Agrarian Change in a South Indian Canal Irrigation System* (Hyderabad: Orient Longman, 2003), 181.

(11) Ashok K. Mitra, "Joint Management of Irrigation Systems in India: Relevance of Japanese Experience," *Economic and Political Weekly* 27, no. 26 (June 27, 1992): A75– A82.

(12) 河川水をめぐる対立例とその解決の試みについては，Madhav Gadgil and Ramachandra Guha, *Ecology and Equity: The Use and Abuse of Nature in Contemporary India* (London: Routledge, 1995), 76–81 および Saravanan, *Water* のなかで議論されている。

(13) Robert H. Wade, "Muddy Waters: Inside the World Bank as It Struggled with the Narmada Projects," *Economic and Political Weekly* 46, no. 40 (October 1, 2011): 44–65.

(14) 分配にかんする争いや事例研究については，Saravanan, *Water* をみよ。

(15) Brahma Chellaney, *Water: Asia's New Battleground* (Washington, DC: Georgetown University Press, 2011).

(16) Paula Hanasz, "Power Flows: Hydro-Hegemony and Water Conflicts in South Asia," *Security Challenges* 10, no. 3 (2014): 95–112.

(17) インダス河水系条約については，次をみよ。Ramaswamy R. Iyer, “Indus Waters Treaty 1960: An Indian Perspective,” Heinrich Böll Stiftung, March 16, 2014 (https://www.boell.de/en/2014/03/16/indus-waters-treaty-1960-indian-perspective). 東部の国境では，バングラデシュとの国境のガンジス河にダムを建設するというインドの決定（1973～74 年）は，両国間で多くの不安を引き起こした。比較の観点から述べると，インドとネパール間およびインドとブータン間での河川共有の取り決めの方が平和的であった。

(18) Daanish Mustafa, “Social Construction of Hydropolitics: The Geographical Scales of Water and Security in the Indus Basin,” *Geographical Review* 97, no. 4 (2007): 484.

(19) Mustafa, “Social Construction of Hydropolitics,” 497.

(20) G. Samba Siva Reddy, “Making of Micro-Regional Identities in the Colonial Context: Studying the Rayalaseema Maha Sabha, 1934–1956,” *Proceedings of the Indian History Congress* 67 (2006–2007): 500–513; Bethany Lacina, *Rival Claims: Ethnic Violence and Territorial Autonomy under Indian Federalism* (Ann Arbor: University of Michigan Press, 2017), 71.

(21) Paul Singh Dhillon, *Water Resources Development and Management in North-West India: Some Issues* (Chandigarh: Centre for Research in Rural and Industrial Development, 1987).

(22) Sailen Routray, Patrik Oskarsson, and Puspanjali Satpathy, “A Hydrologically Fractured State? Nation-Building, the Hirakud Dam and Societal Divisions in Eastern India,” *South Asia: Journal of South Asian Studies* 43, no. 3 (2020): 429–445.

(23) India, *Symposium on Integrated Development of Surface and Sub-surface Water Resources* (New Delhi: Government Press, 1971), vol. 1.

(24) Rajni Jain, Prabhat Kishore, and Dhirendra Kumar Singh, “Irrigation in India: Status, Challenges and Options,” *Journal of Soil and Water Conservation* 18, no. 4 (2019): 354–363.

(25) Himanshu Kulkarni and Mihir Shah, “Punjab Water Syndrome: Diagnostics and Prescriptions,” *Economic and Political Weekly* 48, no. 52 (December 28, 2013): 72.

(26) Navroz K. Dubash, “The Electricity-Groundwater Conundrum: Case for a Political Solution to a Political Problem,” *Economic and Political Weekly* 42, no. 52 (December 29, 2007– January 4, 2008): 45–55.

(27) Bharat Punjabi and Craig A. Johnson, “The Politics of Rural — Urban Water Conflict in India: Untapping the Power of Institutional Reform,” *World Development* 120 (August 2019): 182.

(28) Mattia Celio, Christopher A. Scott, and Mark Giordano, "Urban — Agricultural Water Appropriation: The Hyderabad, India Case," *Geographical Journal* 176, no. 1 (March 2010): 39–57.

(29) Tushaar Shah and Shilp Verma, "Addressing Water Management," in *Getting India Back on Track: An Action Agenda for Reform*, ed. Bibek Debroy, Ashley J. Tellis, and Reece Trevor (Washington, DC: Carnegie Endowment for International Peace, 2014), 189.

(30) P. S. Vijay Shankar, Himanshu Kulkarni, and Sunderrajan Krishnan, "India's Groundwater Challenge and the Way Forward," *Economic and Political Weekly* 46, no. 2 (January 8, 2011): 37–45.

(31) Marcus Moench, "Drawing Down the Buffer: Science and Politics of Ground Water Management in India," *Economic and Political Weekly* 27, no. 13 (March 28, 1992): A7– A14.

(32) Jean-Philippe Venot, Bharat R. Sharma, and K. V. G. K. Rao, "Krishna Basin Development: Interventions to Limit Downstream Environmental Degradation," *Journal of Environment and Development* 17, no. 3 (September 2008): 269–291.

(33) Tushaar Shah, *Ground Water Markets and Irrigation Development: Political Economy and Practical Policy* (Bombay: Oxford University Press, 1993).

(34) Siwan Anderson, "Caste as an Impediment to Trade," *American Economic Journal: Applied Economics* 3, no. 1 (January 2011): 261.

(35) C. H. Hanumantha Rao, "Sustainable Use of Water for Irrigation in Indian Agriculture," *Economic and Political Weekly* 37, no. 18 (May 4, 2002): 1744 より引用。

(36) S. Janakarajan and Marcus Moench, "Are Wells a Potential Threat to Farmers' Well-Being? Case of Deteriorating Groundwater Irrigation in Tamil Nadu," *Economic and Political Weekly* 41, no. 37 (September 16, 2006): 3986.

(37)「密接に結びつく」(interlocking) とは，2つ以上の市場（土地，信用，水）が同じ売り手を共有していることを意味する。そのため，借用条件が容易であれば，高い金利と水道料金のバランスがとれる可能性があった。

(38) Amalendu Jyotishi and Satyapriya Rout, "Water Rights in Deccan Region: Insights from Baliraja and Other Water Institutions," *Economic and Political Weekly* 40, no. 2 (January 8, 2005): 155.

(39) Manish K. Thakur and Binay K. Pattnaik, "How Effective Are 'Pani Panchayats'? A Fieldview from Maharashtra," *Sociological Bulletin* 51, no. 2 (September 2002): 243–268.

(40) N. C. Narayanan and Lalitha Kamath, "Rural Water Access: Governance and

Contestation in a Semi-Arid Watershed in Udaipur, Rajasthan," *Economic and Political Weekly* 47, no. 4 (January 28, 2012): 71. オリッサ州の水協議会にかんする批判的レビューについては，Sushanta Mahapatra, "Functioning of Water Users Associations or Pani Panchayat in Orissa: Principle, Procedure, Performance and Prospects," *Law, Environment and Development Journal* 3, no. 2 (September 2007): 126–147; Basanta Kumar Sahu, "*Pani Panchayat* in Orissa, India: The Practice of Participatory Water Management," *Development* 51 (2008): 121–125; and Anjal Prakash and R. K. Sama, "Social Undercurrents in a Water-Scarce Village," *Economic and Political Weekly* 41, no. 7 (February 18, 2006): 577–579 も見よ。

(41) Mihir Shah, "Water: Towards a Paradigm Shift in the Twelfth Plan," *Economic and Political Weekly* 48, no. 3 (January 19, 2013): 44. アハール・パイン（*ahar-pyne*）は水路のネットワークと貯留池，ターンカー（*tanka*）は雨水を利用した溜池，ダーラー（*dhara*）は自然の湧き水を利用したもの，ターラーブ（*talabs*）は人造湖，エリ（*eri*）は溜池の別名である。

(42) A. Narayanamoorthy, "Drip and Sprinkler Irrigation in India: Benefits, Potential and Future Directions" (draft prepared for the International Water Management Institute, Colombo, 2006).

(43) C. S. Bahinipati and P. K. Viswanathan, "Can Micro-Irrigation Technologies Resolve India's Groundwater Crisis? Reflections from Dark-Regions in Gujarat," *International Journal of the Commons* 13, no. 2 (2019): 848–858.

(44) A. Suresh, K. S. Aditya, Girish Jha, and Suresh Pal, "Micro-Irrigation Development in India: An Analysis of Distributional Pattern and Potential Correlates," *International Journal of Water Resources Development* 35, no. 6 (2019): 999–1014.

(45) Philippe Cullet, "Model Groundwater (Sustainable Management) Bill, 2017: A New Paradigm for Groundwater Regulation," *Indian Law Review* 2, no. 3 (2017): 263–276.

(46) Robert G. Wirsing, "Hydro-Politics in South Asia: The Domestic Roots of Interstate River Rivalry," *Asian Affairs: An American Review* 34 (2007): 3–22.

第7章

(1) Rabindranath Tagore, "Big Sister," trans. Ketaki Kushari Dyson, in *I Won't Let You Go* (London: Bloodaxe Books, 2010), 104.

(2) Dipesh Chakrabarty, *Rethinking Working-Class History: Bengal, 1890–1940* (Princeton, NJ: Princeton University Press, 1989), 11.

(3) Ian J. Kerr, "On the Move: Circulating Labor in Pre-colonial, Colonial, and

Post-colonial India," *International Review of Social History* 51, no. S14（November 2006）: 89 で引用されている。

（4）Dirk H. A. Kolff, "Peasants Fighting for a Living in Early Modern North India," in *Fighting for a Living: A Comparative Study of Military Labour 1500–2000*, ed. Erik-Jan Zürcher（Amsterdam: Amsterdam University Press, 2013）, 264.

（5）Jim Corbett, *Man-Eaters of Kumaon*（Bombay: Oxford University Press, 1944）, 24.

（6）Jan Lucassen, "The Brickmakers' Strikes on the Ganges Canal in 1848–1849," *International Review of Social History* 51, no. S14（September 2006）: 47–83.

（7）州銀行調査委員会（Provincial Banking Enquiry Commission）は，さまざまな州から証拠を収集した。その詳細は地域によって異なるが，一般的な特徴は大きく変わらなかった。

（8）Punjab, *The Punjab Provincial Banking Enquiry Committee 1929–30*, 2 vols.（Lahore: Government Press, 1930）, 2:495.

（9）India, *Royal Commission on Labour in India: Evidence*, vol. 2, pt. 1, *Punjab, Delhi (Provincial and Central) and Ajmer-Merwara*（London: HMSO, 1930）, 150. 強調は引用者による。

（10）Douglas Haynes and Tirthankar Roy, "Conceiving Mobility: Weavers' Migrations in Pre-colonial and Colonial India," *Indian Economic and Social History Review* 36, no. 1（1999）: 35–67.

（11）W. Arthur Lewis, "Economic Development with Unlimited Supplies of Labour," *The Manchester School*, 22, no. 2（May 1954）, 139–191.

（12）インドでみられる早婚とそれが女性の労働に及ぼした影響については，以下の議論をみよ。Tirthankar Roy, *The Economic History of India, 1857–2010*, 4th ed.（Delhi: Oxford University Press, 2020）, 261–263.

（13）植民地化以前のアフリカにかんし，土地豊富論として知られる主張は，貧しい土壌が多く労働力が稀少であったことが，植民地化以前のアフリカにおいて強制的労働の出現を引き起こしたことを示唆している。Gareth Austin, "Cash Crops and Freedom: Export Agriculture and the Decline of Slavery in Colonial West Africa," *International Review of Social History* 54, no. 1（April 2009）: 1–37. 南アジアの状況は，その予測をいくらか裏付けている。

（14）India, *Census of India*, vol. 13, *Central Provinces and Berar*（Nagpur: Government Press, 1901）, pt. 1, 213.

（15）後の時代への適用については，P. Sanghvi, *Surplus Manpower in Agriculture and Economic Development, with Special Reference to India*（Bombay: Asia Publishing House, 1969）をみよ。

(16) 家畜の世話は重要な仕事であった。M. Atchi Reddy, "Work and Leisure: Daily Working Hours of Agricultural Labourers, Nellore District, 1860–1989," *Indian Economic and Social History Review* 28, no. 1 (March 1991): 73–96 をみよ。

(17) India, *Census of India*, vol. 1, *Bombay Presidency* (Bombay: Government Press, 1881), 196.

(18) Tirthankar Roy, *Rethinking Economic Change in India: Labour and Livelihood* (Abingdon: Routledge, 2005).

(19) India, "National Commission on Agriculture" (extracts from the National Commission on Rural Labour), *Indian Journal of Labour Economics* 16 (1973): 65.

(20) B. Gopalakrishna Hebbar and S. Bisaliah, "Stability in Seasonal Labour Absorption under Dryland Farming," *Artha Vijnana* 29, no. 3 (October 1987): 262–285.

(21) Barbara Harriss-White, *India Working: Essays on Society and Economy* (Cambridge: Cambridge University Press, 2003), 19.

(22) Priya Deshingkar and Daniel Start, "Seasonal Migration for Livelihoods in India: Coping, Accumulation and Exclusion," Working Paper 220 (Overseas Development Institute, London, 2003). 次も参照。Ben Rogaly, Jhuma Biswas, Daniel Coppard, Abdur Rafique, Kumar Rana, and Amrita Sengupta, "Seasonal Migration, Social Change and Migrants' Rights: Lessons from West Bengal," *Economic and Political Weekly* 36, no. 49 (December 8, 2001): 4547–4559.

(23) Jan Breman, *Footloose Labour: Working in India's Informal Economy* (Cambridge: Cambridge University Press, 1996).

(24) Prashant Bansode, "Seasonal Rural Migration: Quality of Life at Destination and Source; A Study of Sugarcane Cutter Migrants" (working paper, Gokhale Institute of Politics and Economics, Pune, 2014).

(25) C. N. Cooke, *The Rise, Progress, and Present Condition of Banking in India* (Calcutta: Bengal Printing Company, 1863).

(26) Marina Martin, "An Economic History of the Hundi, 1858–1978" (PhD diss., London School of Economics and Political Science, 2012).

(27) Bengal, *Bengal Provincial Banking Enquiry Committee, 1929–30*, 3 vols. (Calcutta: Government Press, 1930), 3:165.

(28) Bombay, *Report of the Bombay Provincial Banking Enquiry Committee, 1929–30*, 4 vols. (Bombay: Government Press, 1930), 1:196.

(29) United Provinces, *Report of the United Provinces Provincial Banking Enquiry Committee*, 4 vols. (Allahabad: Government Press, 1930), 1:273.

(30) Madras, *The Madras Provincial Banking Enquiry Committee*, 4 vols. (Madras:

Government Press, 1930), 1:191.

(31) Central Provinces and Berar, *Report of the Central Provinces Banking Enquiry Committee, 1929–30*, 4 vols. (Nagpur: Government Press, 1930), 4:933, 1:99.

(32) Bengal, *Banking Enquiry Committee*, 3:93.

(33) Madras, *Banking Enquiry Committee*, 4:289.

(34) たとえば，B. R. Rau, *Present-Day Banking in India* (Calcutta: University of Calcutta, 1929), 3–4.

(35) India, *The Indian Central Banking Enquiry Committee*, vol. 1, pt. 1, *Majority Report* (Calcutta: Government Press, 1931), 406.

(36) Martin, "Economic History of the Hundi."

(37) Central Provinces and Berar, *Banking Enquiry Committee*, 1:340.

(38) 最も有名な2つの介入策は，1879年のデカン農民救済法と1900年のパンジャーブ土地譲渡法であった。土地譲渡の問題がどれほど深刻であったかは定かではない。法律がなくても，土地の譲渡率は低い傾向があった。1857年のインド大反乱の後，役人は小農の動乱の可能性について過度に神経質になりがちであった。Latika Chaudhary and Anand Swamy, "A Policy of Credit Disruption: The Punjab Land Alienation Act of 1900," *Economic History Review* 73, no. 1 (February 2020): 134–158，および Latika Chaudhary and Anand Swamy, "Protecting the Borrower: An Experiment in Colonial India," *Explorations in Economic History* 65, no. 3 (July 2017): 36–54 をみよ。

(39) Bengal, *Banking Enquiry Committee*, 3:93.

(40) Bengal, *Banking Enquiry Committee*, 3:76–77.

(41) United Provinces, *Banking Enquiry Committee*, 4:77.

(42) L. M. Bhole, *Financial Institutions and Markets: Structure, Growth and Innovations* (New Delhi: McGraw-Hill, 2004) の議論をみよ。

第8章

(1) Pandi Zdruli, Michael Cherlet, and Claudio Zucca, "Desertification: Mapping Constraints and Challenges," in *Encyclopedia of Soil Science*, ed. Rattan Lal, 3rd ed. (London: CRC Press, 2016), 1: 633–641.

(2) R. Meenu, S. Rehana, and P. P. Mujumdar, "Assessment of Hydrologic Impacts of Climate Change in Tunga–Bhadra River Basin, India with HEC-HMS and SDSM," *Hydrological Processes* 27, no. 11 (May 2013): 1572–1589; C. G. Madhusoodhanan, K. G. Sreeja, and T. I. Eldho, "Climate Change Impact Assessments on the Water Resources of India under Extensive Human Interventions," *Ambio* 45, no. 6 (October 2016): 725–741; Matthew Collins et al., "Long-Term Climate Change: Projections, Commitments and Irreversibility," in

Climate Change 2013: The Physical Science Basis; Contribution of Working Group I to the Fifth Assessment Report of the Intergovernmental Panel on Climate, ed. T. F. Stocker et al. (Cambridge: Cambridge University Press, 2013), *https://www.ipcc.ch/site/assets/uploads/2018/02/WG1AR5_Chapter12_FINAL.pdf*, 1119 (モンスーンについて).

(3) Ram Fishman, "Groundwater Depletion Limits the Scope for Adaptation to Increased Rainfall Variability in India," *Climatic Change* 147, no. 1 (2018): 195–209.

(4) Garrett Hardin, "Extensions of 'The Tragedy of the Commons,'" *Science n.s.* 280, no. 5364 (May 1998): 682.

訳者解説

(1) 日本語でも読むことができる近年の最も優れた書籍として，マーク・コヤマとジャレド・ルービンの著作をあげるべきだろう。マーク・コヤマ，ジャレド・ルービン（秋山勝訳）『「経済成長」の起源——豊かな国，停滞する国，貧しい国』（草思社，2023年）。ただし同書では，主に温帯に位置するイギリスの経済成長との関連で地理的条件が論じられている。他方，南アジア，東南アジア，サハラ以南アフリカなどの熱帯地域をも取り上げて，地理・環境と経済発展の相互作用に着目した近年の研究成果として，次の専門書（論文集）もあげておきたい。Gareth Austin, ed., *Economic Development and Environmental History in the Anthropocene: Perspectives on Asia and Africa* (London and New York: Bloomsbury, 2017); 脇村孝平編『近現代熱帯アジアの経済発展——人口・環境・資源』ミネルヴァ書房，2024年。

(2) 広義のモンスーン気候を扱った近年の一般書として，安成哲三『モンスーンの世界——日本，アジア，地球の風土の未来可能性』（中央公論新社，2023年）がある。

(3) ケネス・ポメランツ（川北稔監訳）『大分岐——中国，ヨーロッパ，そして近代世界経済の形成』名古屋大学出版会，2015年。

(4) 杉原薫『世界史のなかの東アジアの奇跡』名古屋大学出版会，2020年，667–676頁。

(5) スニール・アムリス（秋山勝訳）『水の大陸 アジア——ヒマラヤ水系・大河・海洋・モンスーンとアジアの近現代』草思社，2021年。

(6) Tirthankar Roy, *The Economic History of India, 1857–1947* (New Delhi: Oxford University Press, 2000), 96–100, 258–262.

(7) Tirthankar Roy, *The Economic History of India, 1857–1947, Second Edition* (New Delhi: Oxford University Press, 2006), 120–122, 292–297.

(8) Tirthankar Roy, *The Economic History of India, 1857–1947, Third Edition* (New Delhi: Oxford University Press, 2011), 108–110, 235–238, 348.

(9) Tirthankar Roy, "A Delayed Revolution: Environment and Agrarian Change in India," *Oxford Review of Economic Policy* 23, 2 (2007): 239–250.

(10) Tirthankar Roy, *The Economic History of India, 1857–2010, Fourth Edition* (New Delhi: Oxford University Press, 2020), 102–104, 136–138, 214–219, 272, 383.

(11) Tirthankar Roy, "The Development of the Arid Tropics: Lessons for Economic History," *Economic History of Developing Regions* 38, iss. 2 (2023): 151–172; Tirthankar Roy, "Will Climate Change Disrupt Development? Lessons from Economic History," *LSE Economic History Working Paper* 370, no. 240; Tirthankar Roy, *Water and Development: The Troubled Economic History of the Arid Tropics* (New York: Oxford University Press, forthcoming).

(12) 多田博一『インドの大地と水』日本経済評論社，1992 年；多田博一『インドの水問題——州際河川水紛争を中心に』創土社，2005 年。

(13) 2024 年 5 月 11 日の社会経済史学会第 93 回全国大会での基調講演の原稿は，2025 年に『社会経済史学』より刊行される予定である。また，同年 7 月 6 日に開催された神戸華僑華人研究会第 209 回特別例会での講演の要旨については，以下を参照。ティルタンカル・ロイ（大石高志訳）「インドにおけるファミリー・ビジネス——1850 年代から現在まで」『通訊』第 99 号，7–9 頁。